VAFELE PROTEINĂ COACERE FĂRĂ

100 de delicii indulgente fără căldura cuptorului

Petra Pavel

Material cu drepturi de autor ©2024

Toate drepturile rezervate

Nicio parte a acestei cărți nu poate fi utilizată sau transmisă sub nicio formă sau prin orice mijloc fără acordul scris corespunzător al editorului și al proprietarului drepturilor de autor, cu excepția citatelor scurte utilizate într-o recenzie. Această carte nu trebuie considerată un substitut pentru sfaturi medicale, juridice sau alte sfaturi profesionale.

CUPRINS

- CUPRINS 3
- INTRODUCERE 6
- PRĂJITURI ȘI PÂNIE 7
  - 1. Tort cu scortisoara cu mere 8
  - 2. Pâine cu banane cu scorțișoară 10
  - 3. Tort de școală 12
  - 4. Tort cu lămâie – Stil Starbucks 14
  - 5. Prăjitură cu ciocolată albă și afine 16
  - 6. Prajitura cu ciocolata fudge 18
  - 7. Tort Lotus Biscoff 20
  - 8. Ultimate Tort Poke de Ciocolată 22
  - 9. Tort super umed cu morcovi 24
- REȚETE DE ALUAT DE PRĂSURI 26
  - 10. Tigaie cu aluat de biscuiti 27
  - 11. Ultimate Oreo Brookie 29
  - 12. Batoane de aluat pentru fursecuri Red Velvet 31
  - 13. Aluat de biscuiți cu ciocolată fără coacere 33
  - 14. Batoane de aluat de biscuiti cu ciocolata 35
- CHEESECAKES, TARTE ȘI PÂCINTE 37
  - 15. Cheesecake cu crumble de prăjituri fără coacere 38
  - 16. Plăcintă cu afine fără coacere 40
  - 17. Plăcintă cu piersici fără coacere 42
  - 18. Plăcintă cu dovleac fără coacere 44
  - 19. Ciocolată fără coacere Ricotta Pi e 46
  - 20. Plăcintă cu iaurt cremoasă fără coacere 48
  - 21. Plăcintă cu înghețată fără coacere 50
  - 22. Cheesecake cu șifon și ananas fără coacere 52
  - 23. Cheesecake cu moale fără coacere 54
  - 24. Cheesecake de vară Philly fără coacere 56
  - 25. Cheesecake cu șifon și caise fără coacere 58
  - 26. Tartă cu fructe proaspete fără coacere 60
  - 27. Tartalete cu capsuni fara coacere 62
  - 28. Tartă cu lămâie fără coacere 64
  - 29. Tartă cu unt de arahide și ciocolată fără coacere 66
  - 30. Tartalete fără coacere cu zmeură și migdale 68
  - 31. Tartă Oreo cu mentă fără coacere 70
  - 32. Tartele fără coacere cu mango și cocos 72
  - 33. Tartă fără coacere cu nuci și caramele 74
  - 34. Tartă cu ciocolată și banane fără coacere 76
  - 35. Plăcintă cu biscuiți umplute Kinder 78
- COOKIE-URI 80

36. Fursecuri Nutella cu patru ingrediente 81
37. Biscuiți Rainbow moi și mestecați 83
38. Prajituri moi si mestecate cu ciocolata 85
39. Biscuiți cu unt fără coacere 87
40. Biscuiți cu portocale fără coacere 89
41. Biscuiți fără coacere cu unt de arahide 91
42. Biscuiți fără coacere cu ciocolată și fulgi de ovăz 93
43. Biscuiți cu gelatină din fulgi de ovăz fără coacere 95
44. Biscuiți fără coacere Penuche Drop 97
45. Biscuiți cu ovăz Bourbon fără coacere 99
46. Prajituri cu ciocolata alba Matcha fara coacere 101
47. Biscuiți fără coacere cu nucă de cocos și lămâie ... 103
48. Biscuiți fără coacere cu fistic și afine 105
49. Biscuiți cu condimente Chai fără coacere 107

CÂMPURI ȘI COȘI DE FÂN 109
50. Clustere de fudge fără coacere 110
51. Ciocolată fără coacere cu unt de arahide 112
52. Clustere de bucurie de migdale fără coacere 114
53. Clustere de amestecuri fără coacere 116
54. Ciocolată albă fără coacere, ciorchini de zmeură .. 118
55. Ciorchine de covrige cu caramel fără coacere 120
56. Ciorchini de fistic afine fără coacere 122
57. Ciocolată neagră cireșe fără coacere 124

CRISP, CRUMBLE & COBBLERS 126
58. Crisp cu piersici fără coacere 127
59. Crisp cu mere fără coacere 129
60. Cobbler mixt de fructe de pădure fără coacere 131
61. Crisp de cireșe fără coacere 133
62. Crumble de nucă de cocos și mango fără coacere . 135
63. Crisp de migdale și afine fără coacere 137
64. Crumble cu fructe de dragon fără coacere 139
65. Lichi Crisp fără coacere 141
66. Cizmar cu papaya fără coacere 143
67. Crumble de kiwi fără coacere 145
68. Cobbler cu fructe ale pasiunii fără coacere 147

PRĂJITURI 149
69. Tort cu rom fără coacere 150
70. Tort fără coacere cu șapte straturi 152
71. Tort cu crema de ciocolata fara coacere 154
72. Tort cu fructe fără coacere 156
73. Tort cu strat Matzoh fără coacere 159
74. Tort cu cremă de cireșe fără coacere 161
75. Tort cu nucă de cocos și mango fără coacere 163

- 76. TORT DE CIOCOLATĂ CU UNT DE ARAHIDE FĂRĂ COACERE 165
- 77. TORT FĂRĂ COACERE CU LIMONADA CU CĂPȘUNI 167

BROWNIES, BARURI ȘI PĂTRAȚE 169
- 78. BROWNIE CU CIOCOLATĂ TRIPLĂ SUPER FUDGY 170
- 79. JAMMIE DODGER BLONDIES 172
- 80. PĂTRATE DE PUF DE CIOCOLATĂ FĂRĂ COACERE 174
- 81. PĂTRATE DE CEREALE CONFETTI FĂRĂ COACERE 176
- 82. BATOANE DE LĂMÂIE CU ZMEURĂ FĂRĂ COACERE 178
- 83. BARURI FĂRĂ COACERE 180
- 84. BATOANE GRANOLA FĂRĂ COACERE 182
- 85. PATRATE DE CIOCOLATA-NUCA DE COCOS FARA COACERE 184
- 86. PATRATE DE GHIMBIR-PORTOCALE FARA COACERE 186
- 87. BROWNIES CU NUCĂ FĂRĂ COACERE 188
- 88. BATOANE DE CEREALE CHIPITS FĂRĂ COACERE 190
- 89. BROWNIES CU ARAHIDE FĂRĂ COACERE 192

MINGE ENERGETICE ȘI MUCĂTURI 194
- 90. BILUȚE DE TORT CU CIOCOLATĂ 195
- 91. BULGĂRI DE ZĂPADĂ CU MIGDALE FĂRĂ COACERE 197
- 92. BILE DE CACAO-BOURBON FĂRĂ COACERE 199
- 93. BILE DE GHIMBIR FĂRĂ COACERE 201
- 94. BILE DE LICHIOR MOCHA FĂRĂ COACERE 203
- 95. BILUȚE DE ROM CU CIREȘE FĂRĂ COACERE 205
- 96. BILE DE PORTOCALE FĂRĂ COACERE 207
- 97. BILUȚE ENERGETICE CU UNT DE ARAHIDE ȘI CIOCOLATĂ 209
- 98. BILE ENERGETICE CU MIGDALE DE NUCĂ DE COCOS 211
- 99. BISCUIȚI CU FULGI DE OVĂZ, STAFIDE, BILE ENERGETICE 213
- 100. BILUȚE PROTEICE DIN CIOCOLATĂ ȘI NUCĂ DE COCOS 215

CONCLUZIE 217

INTRODUCERE

Bine ați venit în lumea delicioasă a coacerii fără coacere de la VAFELE PROTEINĂ, unde pornim într-o călătorie pentru a descoperi 100 de delicii delicioase fără a fi nevoie de căldura cuptorului. Într-un tărâm culinar care se bazează adesea pe magia coacerii, VAFELE PROTEINĂ aduce la iveală o colecție de delicii irezistibile care nu necesită căldură, dar promit o explozie de arome și texturi. Indiferent dacă sunteți un brutar de casă experimentat sau un novice în bucătărie, această compilație de delicii fără coacere vă va ridica cu siguranță jocul cu deserturi la noi culmi.

VAFELE PROTEINĂ, un maestru culinar renumit pentru rețetele sale inovatoare și accesibile, a organizat o selecție care se adresează gusturilor și preferințelor diverse. De la cheesecakes cremos la prăjituri crocante, fiecare deliciu este realizat cu precizie și un strop de creativitate. Pregătește-te să pătrunești într-o lume în care absența unui cuptor nu împiedică crearea de capodopere delicioase.

Frumusețea rețetelor fără coacere constă în simplitatea și eficiența lor. Colecția VAFELE PROTEINĂ vă invită să explorați posibilitățile vaste de a crea deserturi somptuoase fără procesul de coacere convențional. Indiferent dacă aveți puțin timp, nu aveți acces la cuptor sau pur și simplu căutați o modalitate fără probleme de a vă satisface pofta de dulce, aceste delicii fără coacere oferă o soluție care este atât convenabilă, cât și delicioasă.

Rețetele din aceste pagini acoperă un spectru de arome, variind de la delicii clasice de ciocolată până la creații exotice cu infuzie de fructe. Instrucțiunile și sfaturile meticuloase ale VAFELE PROTEINĂ asigură că chiar și brutarii începători pot pregăti cu succes aceste delicii îngăduitoare. Pregătește-te să fii uimit de ușurința cu care poți crea deserturi impresionante care nu numai că arată uimitor, ci și au un gust divin.

PRĂJITURI ȘI PÂINE

1.Tort cu scortisoara cu mere

INGREDIENTE:
- 2 căni de firimituri de biscuiți Graham
- 1/2 cana unt nesarat, topit
- 2 cani de mere tocate marunt
- 1 lingurita scortisoara
- 1 cana frisca
- Sos de caramel pentru stropire

INSTRUCȚIUNI:
a) Într-un castron, amestecați firimiturile de biscuiți graham cu untul topit.
b) Apăsați amestecul în baza unei forme tapetate pentru a forma crusta.
c) Într-un alt castron, combinați merele tocate și scorțișoara.
d) Așezați amestecul de mere peste crustă.
e) Acoperiți cu frișcă și stropiți cu sos de caramel.
f) Se da la frigider cateva ore inainte de a taia si servi.

2.Pâine cu banane cu scorțișoară

INGREDIENTE:
- 2 căni de biscuiți graham zdrobiți
- 1/2 cană ulei de cocos topit
- 2 banane coapte, piure
- 1 lingurita scortisoara
- 1 cana crema de branza, moale
- 1/4 cană miere

INSTRUCȚIUNI:
a) Amestecați biscuiții graham zdrobiți cu ulei de nucă de cocos topit și presă într-o tavă tapetată pentru crustă.
b) Într-un castron, combinați bananele piure și scorțișoara.
c) Așezați amestecul de banane peste crustă.
d) Într-un alt castron, bate cremă de brânză cu miere și învârte-o în stratul de banane.
e) Dați la frigider câteva ore înainte de a tăia felii.

3.Tort de școală

INGREDIENTE:
- 2 căni de firimituri de biscuiți digestivi
- 1/2 cană unt topit
- 1 cană lapte condensat îndulcit
- 1 cană nucă de cocos deshidratată
- 1 cană amestec de fructe uscate (stafide, sultane, coacăze)

INSTRUCȚIUNI:
a) Se amestecă firimiturile de biscuiți digestivi cu untul topit și se presează într-o tavă de pâine tapetată pentru bază.
b) Într-un castron, combinați laptele condensat, nuca de cocos deshidratată și fructele uscate amestecate.
c) Întindeți amestecul peste crustă.
d) Dati la frigider pana se fixeaza, apoi feliati si serviti.

4.Tort cu lămâie – Stil Starbucks

INGREDIENTE:
- 2 căni de fursecuri zdrobite cu aromă de lămâie
- 1/2 cană ciocolată albă topită
- 1 cana frisca
- Coaja a 2 lămâi
- Felii de lămâie pentru decor

INSTRUCȚIUNI:
a) Se amestecă fursecurile cu lămâie zdrobită cu ciocolata albă topită și se presează într-o tavă de pâine tapetată pentru coajă.
b) Peste crusta se intinde frisca.
c) Se presara deasupra coaja de lamaie si se orneaza cu felii de lamaie.
d) Se da la frigider pana se fixeaza, apoi se taie si savura.

5. Prăjitură cu ciocolată albă și afine

INGREDIENTE:
- 2 căni de firimituri de napolitană cu vanilie
- 1/2 cană ciocolată albă topită
- 1 cană de afine proaspete
- 1 cană iaurt vanilie

INSTRUCȚIUNI:
a) Se amestecă firimiturile de napolitană cu vanilie cu ciocolata albă topită și se presează într-o tavă tapetată pentru crustă.
b) Peste crustă afine afine proaspete.
c) Acoperiți cu iaurt de vanilie.
d) Dati la frigider pana se fixeaza, apoi feliati si serviti.

6.Prajitura cu ciocolata fudge

INGREDIENTE:
- 2 căni de biscuiți de ciocolată
- 1/2 cană ciocolată neagră topită
- 1 cană sos de ciocolată fudge
- 1 cana frisca

INSTRUCȚIUNI:
a) Amestecați firimiturile de prăjituri de ciocolată cu ciocolata neagră topită și presă într-o tavă tapetată pentru crustă.
b) Întindeți peste crustă un strat de sos de ciocolată.
c) Acoperiți cu frișcă.
d) Se da la frigider pana se fixeaza, apoi se taie si se rasfata.

7.Tort Lotus Biscoff

INGREDIENTE:
- 2 căni de firimituri de prăjituri Lotus Biscoff
- 1/2 cană unt topit
- 1 cana crema de branza
- 1/4 cană zahăr pudră
- Lotus Biscoff întins pentru burniță

INSTRUCȚIUNI:
a) Amestecați firimiturile de prăjituri Lotus Biscoff cu untul topit și presă într-o tavă tapetată pentru crustă.
b) Într-un castron, amestecați crema de brânză cu zahărul pudră și întindeți peste crustă.
c) Stropiți Lotus Biscoff deasupra.
d) Se da la frigider pana se fixeaza, apoi se taie si savura.

8.Ultimate Tort Poke de Ciocolată

INGREDIENTE:
- 2 cesti firimituri de prajitura de ciocolata
- 1/2 cană ganache de ciocolată
- 1 cană mousse de ciocolată
- Frisca pentru topping

INSTRUCȚIUNI:
a) Se amestecă firimiturile de tort de ciocolată cu ganache de ciocolată și se presează într-o tavă tapetată pentru pâine pentru bază.
b) Faceți găuri în tort și umpleți-le cu mousse de ciocolată.
c) Acoperiți cu frișcă.
d) Pune la frigider până se întărește, apoi feliază și răsfăță-te cu experiența supremă de ciocolată.

9.Tort super umed cu morcovi

INGREDIENTE:
- 2 cani de morcovi rasi fin
- 1/2 cană de ananas zdrobit, scurs
- 1 cană nucă de cocos mărunțită
- 1 cana nuci tocate
- 1 cană de glazură cu cremă de brânză

INSTRUCȚIUNI:
a) Combinați morcovii rasi, ananasul zdrobit, nuca de cocos mărunțită și nucile tocate într-un castron.
b) Amestecați glazura de brânză până se omogenizează bine.
c) Presă amestecul într-o tavă tapetată.
d) Dați la frigider până se întărește, apoi feliați și bucurați-vă de prăjitura de morcovi umedă și aromată.

REȚETE DE ALUAT DE PRĂSURI

10. Tigaie cu aluat de biscuiti

INGREDIENTE:
- 1 cană de aluat de prăjituri comestibil
- 1/2 cană chipsuri de ciocolată
- 1/4 cană mini marshmallows
- Biscuiți Graham pentru scufundare

INSTRUCȚIUNI:
a) Presă aluatul de fursecuri comestibil într-o tigaie.
b) Presărați fulgi de ciocolată și mini marshmallows peste aluatul de biscuiți.
c) Pune tigaia la frigider până se întărește.
d) Serviți cu biscuiți Graham pentru înmuiere.

11.Ultimate Oreo Brookie

INGREDIENTE:
- 1 cană firimituri Oreo zdrobite
- 1/2 cană de aluat de prăjituri cu ciocolată
- 1/2 cană aluat pentru brownie
- Frisca pentru topping

INSTRUCȚIUNI:
a) Apăsați firimiturile Oreo zdrobite într-o tavă de pâine tapetată pentru bază.
b) Apăsați un strat de aluat de prăjituri cu ciocolată peste baza Oreo.
c) Turnați aluatul de brownie peste aluatul de biscuiți.
d) Se da la frigider pana se fixeaza, apoi se taie felii si se pune deasupra frisca.

12. Batoane de aluat pentru fursecuri Red Velvet

INGREDIENTE:
- 2 căni de aluat de prăjituri de catifea roșie
- 1 cană chipsuri de ciocolată albă
- Glazura cu crema de branza pentru stropire

INSTRUCȚIUNI:
a) Presă aluatul de prăjituri de catifea roșie într-o tavă tapetată.
b) Presaram chipsuri de ciocolata alba peste aluatul de biscuiti.
c) Stropiți deasupra glazură cu cremă de brânză.
d) Se da la frigider pana se fixeaza, apoi se taie in batoane si se serveste.

13.Aluat de biscuiți cu ciocolată fără coacere

INGREDIENTE:
- 2 căni de aluat comestibil pentru prăjituri cu ciocolată
- 1 cană mini chipsuri de ciocolată

INSTRUCȚIUNI:
a) Amestecați mini chipsuri de ciocolată în aluatul comestibil de biscuiți cu ciocolată.
b) Formați amestecul în bile de mărimea unei mușcături.
c) Dați la frigider până se întărește, apoi bucurați-vă de mușcăturile de aluat de prăjituri cu ciocolată fără coacere.

14.Batoane de aluat de biscuiti cu ciocolata

INGREDIENTE:
- 2 căni de aluat comestibil pentru prăjituri cu ciocolată
- 1 cană chipsuri de ciocolată (lapte sau neagră)
- 1/2 cana unt nesarat, topit
- 1 cană de zahăr pudră
- 1 lingurita extract de vanilie
- Vârf de cuțit de sare

INSTRUCȚIUNI:
a) Într-un castron, combinați aluatul comestibil de biscuiți cu ciocolată cu unt topit, zahăr pudră, extract de vanilie și un praf de sare. Se amestecă până se combină bine.
b) Tapetați o tigaie pătrată sau dreptunghiulară cu hârtie de pergament, lăsând o oarecare profunzime pentru o îndepărtare ușoară.
c) Apăsați jumătate din amestecul de aluat pentru prăjituri în mod egal în fundul tavii pentru a crea primul strat.
d) Topiți fulgii de ciocolată într-un castron sigur pentru cuptorul cu microunde sau folosind un boiler.
e) Peste aluatul de fursecuri din tava se toarna un strat de ciocolata topita, intindendu-l uniform cu o spatula.
f) Pune tava la frigider pentru a fixa stratul de ciocolată pentru aproximativ 10-15 minute.
g) Odată ce stratul de ciocolată este fixat, întindeți uniform amestecul de aluat de biscuiți rămas peste stratul de ciocolată pentru a crea stratul superior.
h) Stropiți un alt strat de ciocolată topită deasupra și întindeți-o uniform.
i) Dați batoanele la frigider pentru cel puțin 2-3 ore sau până când se întăresc complet.
j) Odată așezat, folosiți proeminența de hârtie de pergament pentru a ridica barele din tavă. Așezați pe o masă de tăiat și tăiați în pătrate.
k) Servește și bucură-te de aceste batoane de aluat de prăjituri cu ciocolată fără coacere!

CHEESECAKES, TARTE ȘI PÂCINTE

15.Cheesecake cu crumble de prăjituri fără coacere

INGREDIENTE:
- 2 cesti firimituri de biscuiti
- ½ cană unt nesărat, topit
- 16 oz cremă de brânză, înmuiată
- 1 cană de zahăr pudră
- 1 lingurita extract de vanilie
- 1 cană smântână groasă
- Pesmet pentru garnitură (opțional)

INSTRUCȚIUNI:
a) Într-un castron, combinați firimiturile de biscuiți și untul topit. Se amestecă până când firimiturile sunt acoperite uniform.
b) Apăsați amestecul în fundul unei tavi cu arc de 9 inci unsă sau tapetată pentru a forma crusta.
c) Puneți la frigider să se răcească în timp ce pregătiți umplutura.
d) Într-un castron separat, bateți crema de brânză, zahărul pudră și extractul de vanilie până devine omogen și cremos.
e) Într-un alt castron, bate smântâna grea până se formează vârfuri tari.
f) Îndoiți ușor frișca în amestecul de brânză până se încorporează complet.
g) Se toarnă umplutura peste crusta pregătită, întinzând-o uniform.
h) Presărați pesmet suplimentar de biscuiți deasupra, dacă doriți.
i) Dați cheesecake-ul la frigider pentru cel puțin 4 ore sau până când se fixează.
j) Tăiați și serviți acest delicios cheesecake cu crumble de prăjituri fără coacere!

16.Plăcintă cu afine fără coacere

INGREDIENTE:
- 1 crustă de biscuit Graham pregătită
- 4 căni de afine proaspete
- ½ cană zahăr granulat
- ¼ cană amidon de porumb
- ¼ lingurita sare
- 1 lingura suc de lamaie
- Frisca sau inghetata de vanilie (optional, pentru servire)

INSTRUCȚIUNI:
a) Într-o cratiță, combinați 2 căni de afine, zahăr, amidon de porumb, sare și suc de lămâie.
b) Gatiti la foc mediu, amestecand des pana cand amestecul se ingroasa si afinele sparg, eliberand zeama.
c) Luați de pe foc și lăsați amestecul să se răcească câteva minute.
d) Se amestecă restul de 2 căni de afine proaspete.
e) Turnați umplutura de afine în crusta de biscuit Graham pregătită, răspândind-o uniform.
f) Dă plăcinta la frigider pentru cel puțin 2-3 ore sau până când se fixează.
g) Se serveste racit, acoperit cu frisca sau inghetata de vanilie daca se doreste.

17.Plăcintă cu piersici fără coacere

INGREDIENTE:
- 1 crustă de biscuit Graham pregătită
- 4 cani de piersici proaspete, curatate si feliate
- ½ cană zahăr granulat
- 2 linguri amidon de porumb
- ¼ lingurita de scortisoara macinata
- Frisca sau inghetata de vanilie (optional, pentru servire)

INSTRUCȚIUNI:
a) Într-o cratiță, combinați piersici feliate, zahăr, amidon de porumb și scorțișoară măcinată.
b) Gatiti la foc mediu, amestecand des, pana cand amestecul se ingroasa si piersicile se inmoaie.
c) Luați de pe foc și lăsați umplutura de piersici să se răcească câteva minute.
d) Turnați umplutura de piersici în crusta de biscuit Graham pregătită, răspândind-o uniform.
e) Dă plăcinta la frigider pentru cel puțin 2-3 ore sau până când se fixează.
f) Serviți rece, acoperit cu frișcă sau cu o lingură de înghețată de vanilie, dacă doriți.

18.Plăcintă cu dovleac fără coacere

INGREDIENTE:
- 1 crustă de biscuit Graham pregătită
- 1 cană de piure de dovleac conservat
- ½ cană zahăr granulat
- ½ linguriță de condiment pentru plăcintă cu dovleac
- ¼ lingurita sare
- 1 cană smântână groasă
- Frisca pentru garnitura (optional)

INSTRUCȚIUNI:
a) Într-un castron, combinați piureul de dovleac din conserva, zahărul granulat, condimentul pentru plăcintă de dovleac și sarea. Se amestecă până se combină bine.
b) Într-un castron separat, bateți smântâna grea până se formează vârfuri tari.
c) Îndoiți ușor frișca în amestecul de dovleac până se încorporează complet.
d) Turnați umplutura de dovleac în crusta de biscuit Graham pregătită, răspândind-o uniform.
e) Dă plăcinta la frigider pentru cel puțin 2-3 ore sau până când se fixează.
f) Se serveste racit si, daca se doreste, se orneaza cu frisca.

19.Ciocolată fără coacere Ricotta Pi e

INGREDIENTE:
- 1 ½ cană firimituri de prăjituri de ciocolată
- ¼ cană unt nesărat, topit
- 2 căni de brânză ricotta
- ½ cană de zahăr pudră
- 1 lingurita extract de vanilie
- 1 cană smântână groasă
- Așchii de ciocolată pentru garnitură (opțional)

INSTRUCȚIUNI:
a) Într-un castron, combinați firimiturile de prăjituri de ciocolată și untul topit. Se amestecă până când firimiturile sunt acoperite uniform.
b) Apăsați amestecul în fundul unei tavi cu arc de 9 inci unsă sau tapetată pentru a forma crusta. Puneți la frigider să se răcească în timp ce pregătiți umplutura.
c) Într-un castron separat, bateți brânza ricotta, zahărul pudră și extractul de vanilie până la omogenizare.
d) Într-un alt castron, bate smântâna grea până se formează vârfuri tari.
e) Îndoiți ușor frișca în amestecul de ricotta până se încorporează complet.
f) Se toarnă umplutura peste crusta pregătită, întinzând-o uniform.
g) Dă plăcinta la frigider pentru cel puțin 4 ore sau până când se fixează.
h) Înainte de servire, se ornează cu așchii de ciocolată dacă se dorește.
i) Felați și bucurați-vă de această plăcintă cu ricotta cremoasă și ciocolată fără coacere!

20.Plăcintă cu iaurt cremoasă fără coacere

INGREDIENTE:
- 1 ½ cană de firimituri de biscuiți Graham
- ¼ cană unt nesărat, topit
- 16 oz iaurt simplu sau vanilie
- 8 oz cremă de brânză, înmuiată
- ½ cană de zahăr pudră
- 1 lingurita extract de vanilie
- Fructe proaspete pentru topping (cum ar fi fructe de pădure, piersici feliate sau kiwi)

INSTRUCȚIUNI:
a) Într-un castron, combinați firimiturile de biscuiți Graham și untul topit. Se amestecă până când firimiturile sunt acoperite uniform.
b) Apăsați amestecul pe fundul unui vas de plăcintă de 9 inci uns sau căptușit pentru a forma crusta. Puneți la frigider să se răcească în timp ce pregătiți umplutura.
c) Într-un castron separat, bate iaurtul, cremă de brânză, zahărul pudră și extractul de vanilie până devine omogen și cremos.
d) Se toarnă umplutura în crusta pregătită, răspândind-o uniform.
e) Acoperiți plăcinta cu fructe proaspete la alegere.
f) Dă plăcinta la frigider pentru cel puțin 4 ore sau până când se fixează.
g) Tăiați și serviți această plăcintă cu iaurt răcoritoare și cremoasă fără coacere!

21.Plăcintă cu îngheţată fără coacere

INGREDIENTE:
- 2 căni de firimituri de prăjituri (cum ar fi biscuiți graham sau firimituri de prăjituri de ciocolată)
- ½ cană unt nesărat, topit
- 1 litru (4 căni) de înghețată la alegere, înmuiată
- Frișcă, sos de ciocolată sau sos de caramel pentru topping

INSTRUCȚIUNI:
a) Într-un castron, combinați firimiturile de biscuiți și untul topit. Se amestecă până când firimiturile sunt acoperite uniform.
b) Apăsați amestecul pe fundul unui vas de plăcintă de 9 inci uns sau căptușit pentru a forma crusta. Puneți la frigider să se răcească în timp ce pregătiți umplutura.
c) Întindeți înghețata moale peste crusta pregătită, netezind-o într-un strat uniform.
d) Puneți plăcinta la congelator și lăsați-o să se înghețe cel puțin 4 ore sau până când se fixează.
e) Înainte de servire, ornați cu frișcă, sos de ciocolată sau sos de caramel dacă doriți.
f) Tăiați și bucurați-vă de această plăcintă rece și răcoritoare cu înghețată fără coacere!

22.Cheesecake cu șifon și ananas fără coacere

INGREDIENTE:
- 1 ½ cană de firimituri de biscuiți Graham
- ¼ cană unt nesărat, topit
- 8 oz cremă de brânză ușoară, înmuiată
- ½ cană de zahăr pudră
- 1 conserve (20 oz) de ananas zdrobit, scurs
- 1 cană de topping (cum ar fi Cool Whip sau frișcă de casă)

INSTRUCȚIUNI:
a) Într-un castron, combinați firimiturile de biscuiți Graham și untul topit. Se amestecă până când firimiturile sunt acoperite uniform.
b) Apăsați amestecul pe fundul unui vas de plăcintă de 9 inci uns sau căptușit pentru a forma crusta. Puneți la frigider să se răcească în timp ce pregătiți umplutura.
c) Într-un castron separat, bateți crema de brânză ușoară și zahărul pudră până devine omogen și cremos.
d) Încorporați ananasul zdrobit scurs și toppingul bătut până se combină bine.
e) Se toarnă umplutura peste crusta pregătită, întinzând-o uniform.
f) Dați cheesecake-ul la frigider pentru cel puțin 4 ore sau până când se fixează.
g) Tăiați și bucurați-vă de acest cheesecake cu șifon și ananas ușor și răcoritor, fără coacere!

23.Cheesecake cu moale fără coacere

INGREDIENTE:
- 1 ½ cană de firimituri de prăjituri cu ghimbir
- ¼ cană unt nesărat, topit
- 16 oz cremă de brânză, înmuiată
- 1 cană de zahăr pudră
- 1 lingurita extract de vanilie
- ½ lingurita de nucsoara macinata
- ½ cană de oua
- Frisca si nucsoara macinata pentru garnitura (optional)

INSTRUCȚIUNI:
a) Într-un castron, combinați firimiturile de prăjituri cu ghimbir și untul topit. Se amestecă pană când firimiturile sunt acoperite uniform.
b) Apăsați amestecul în fundul unei tavi cu arc de 9 inci unsă sau tapetată pentru a forma crusta. Puneți la frigider să se răcească în timp ce pregătiți umplutura.
c) Într-un castron separat, bateți crema de brânză, zahărul pudră, extractul de vanilie și nucșoara măcinată până devine omogen și cremos.
d) Adăugați treptat spuma de ou în amestecul de brânză cu cremă, batând până se încorporează bine.
e) Se toarnă umplutura peste crusta pregătită, întinzând-o uniform.
f) Dați cheesecake-ul la frigider pentru cel puțin 4 ore sau până când se fixează.
g) Inainte de servire, se orneaza cu frisca si un strop de nucsoara macinata daca se doreste.
h) Tăiați felii și bucurați-vă de acest cheesecake festiv și aromat cu eggnog fără coacere!

24. Cheesecake de vară Philly fără coacere

INGREDIENTE:
- 2 căni de firimituri de biscuiți Graham
- ½ cană unt nesărat, topit
- 2 pachete (8 uncii) cremă de brânză, înmuiată
- 1 cană de zahăr pudră
- 1 lingurita extract de vanilie
- 1 cană smântână groasă
- ¼ cană suc proaspăt de lămâie
- Zest de 1 lămâie
- Fructe proaspete sau fructe la alegere pentru topping

INSTRUCȚIUNI:
a) Într-un castron mediu, combinați firimiturile de biscuiți Graham și untul topit. Se amestecă până când firimiturile sunt acoperite uniform cu unt.
b) Apăsați amestecul de pesmet în fundul unei tavi elastice de 9 inci, creând un strat uniform. Puneți tava la frigider pentru a se răci în timp ce pregătiți umplutura.
c) Într-un castron mare, bateți crema de brânză până devine omogenă și cremoasă.
d) Adăugați zahărul pudră și extractul de vanilie la crema de brânză și continuați să bateți până se combină bine și devine pufoasă.
e) Într-un castron separat, bateți smântâna grea până se formează vârfuri tari.
f) Incorporati usor frisca in amestecul de crema de branza.
g) Adăugați sucul proaspăt de lămâie și coaja de lămâie în umplutură și amestecați până când totul este bine încorporat.
h) Scoateți tava cu arc din frigider și turnați umplutura peste crusta de biscuit Graham, netezind blatul cu o spatulă.
i) Acoperiți tava cu folie de plastic și lăsați-l la frigider pentru cel puțin 4 ore sau peste noapte pentru a se întări.
j) Înainte de servire, îndepărtați cu grijă părțile laterale ale tavii arcuite.
k) Acoperiți cheesecake-ul cu fructe de pădure proaspete sau fructe la alegere.
l) Tăiați și serviți rece. Bucurați-vă!

25. Cheesecake cu șifon și caise fără coacere

INGREDIENTE:
- 2 căni de firimituri de biscuiți Graham
- ½ cană unt nesărat, topit
- 1 pachet (8 uncii) cremă de brânză, înmuiată
- ½ cană de zahăr pudră
- 1 lingurita extract de vanilie
- 1 cană smântână groasă, bătută
- 1 cană conserve de caise
- 1 lingura gelatina
- ¼ cană apă

INSTRUCȚIUNI:

a) Urmați pașii 1-6 din rețeta anterioară pentru a pregăti crusta de biscuiți Graham și umplutura cu cremă de brânză.

b) Într-un castron mic care poate fi utilizat în cuptorul cu microunde, stropiți gelatina peste apă și lăsați-o să stea timp de 5 minute să se înmoaie.

c) Puneți amestecul de gelatină la microunde timp de aproximativ 20 de secunde sau până când gelatina este complet dizolvată. Se lasa sa se raceasca putin.

d) Într-un castron separat, bate smântâna groasă până se formează vârfuri moi.

e) Incorporati usor frisca in amestecul de crema de branza.

f) Turnați treptat amestecul de gelatină răcit în amestecul de cremă de brânză în timp ce pliați continuu.

g) Întindeți conservele de caise peste crusta de biscuit Graham.

h) Se toarnă amestecul de cremă de brânză peste conserve, răspândindu-l uniform.

i) Acoperiți tava cu folie de plastic și lăsați-l la frigider pentru cel puțin 4 ore sau peste noapte pentru a se întări.

j) Odată ce se așează, scoateți părțile laterale ale tavii cu arc și feliați cheesecake-ul pentru a fi servit. Bucurați-vă de cheesecake-ul șifon cu caise, pufos și încântător!

26.Tartă cu fructe proaspete fără coacere

INGREDIENTE:
- 1 ½ cană de firimituri de biscuiți Graham
- ¼ cană unt nesărat, topit
- 8 oz cremă de brânză, înmuiată
- ½ cană de zahăr pudră
- 1 lingurita extract de vanilie
- Fructe proaspete asortate pentru topping
- Glazură de fructe sau miere pentru stropire (opțional)

INSTRUCȚIUNI:
a) Într-un castron, combinați firimiturile de biscuiți Graham și untul topit. Se amestecă până când firimiturile sunt acoperite uniform.
b) Apăsați amestecul în fundul unei tavi de tartă de 9 inci unsă sau tapetată pentru a forma crusta. Puneți la frigider să se răcească în timp ce pregătiți umplutura.
c) Într-un castron separat, bateți crema de brânză, zahărul pudră și extractul de vanilie până devine omogen și cremos.
d) Întindeți umplutura cu cremă de brânză peste crusta pregătită, întindeți-o uniform.
e) Aranjați fructe proaspete asortate deasupra umpluturii.
f) Stropiți cu glazură de fructe sau miere pentru un plus de dulceață, dacă doriți.
g) Dam tarta la frigider pentru cel putin 1 ora sau pana se fixeaza.
h) Tăiați și serviți această tartă vibrantă și răcoritoare cu fructe proaspete fără coacere!

27.Tartalete cu capsuni fara coacere

INGREDIENTE:
- 1 ½ cană de firimituri de biscuiți Graham
- ⅓ cană de unt topit
- 8 oz cremă de brânză, înmuiată
- ½ cană de zahăr pudră
- 1 lingurita extract de vanilie
- 1 cană căpșuni proaspete, feliate

INSTRUCȚIUNI:
a) Într-un castron, combinați firimiturile de biscuiți Graham și untul topit până se amestecă bine.
b) Apăsați amestecul de pesmet în fundul formelor de tartale sau al mini-cupelor de brioșe pentru a forma crusta.
c) Într-un castron separat, bate crema de brânză, zahărul pudră și extractul de vanilie până se omogenizează.
d) Turnați amestecul de cremă de brânză în crustele de tarte și neteziți blaturile.
e) Acoperiți fiecare tartă cu felii de căpșuni proaspete.
f) Dati la frigider cel putin 1 ora inainte de servire.

28.Tartă cu lămâie fără coacere

INGREDIENTE:
- 1 ½ cană de firimituri de biscuiți Graham
- ⅓ cană de unt topit
- 8 oz cremă de brânză, înmuiată
- ½ cană de zahăr pudră
- ¼ cană suc de lămâie proaspăt stors
- 1 lingura coaja de lamaie
- Frisca pentru topping (optional)

INSTRUCȚIUNI:
a) Într-un castron, combinați firimiturile de biscuiți Graham și untul topit până se amestecă bine.
b) Apăsați amestecul de pesmet pe fundul unei tavi de tartă pentru a forma crusta.
c) Într-un castron separat, bate crema de brânză, zahăr pudră, sucul de lămâie și coaja de lămâie până se omogenizează.
d) Intindeti amestecul de crema de branza peste crusta din tava de tarta.
e) Se da la frigider pentru cel putin 2 ore pentru a se intari.
f) Acoperiți cu frișcă înainte de servire (opțional).

29.Tartă cu unt de arahide și ciocolată fără coacere

INGREDIENTE:
- 2 căni de biscuiți de ciocolată
- ½ cană de unt topit
- 1 cană de unt de arahide cremos
- 8 oz cremă de brânză, înmuiată
- 1 cană de zahăr pudră
- 1 lingurita extract de vanilie
- 1 cană smântână groasă, bătută
- Așchii de ciocolată pentru decor

INSTRUCȚIUNI:
a) Într-un castron, combinați firimiturile de biscuiți de ciocolată și untul topit până se amestecă bine.
b) Apăsați amestecul de pesmet pe fundul unei tavi de tartă pentru a forma crusta.
c) Într-un castron separat, bateți untul de arahide, cremă de brânză, zahărul pudră și extractul de vanilie până la omogenizare.
d) Încorporați frișca.
e) Întindeți amestecul de unt de arahide peste crusta din tava de tartă.
f) Se da la frigider pentru cel putin 4 ore pentru a se intari.
g) Se ornează cu așchii de ciocolată înainte de servire.

30. Tartalete fără coacere cu zmeură și migdale

INGREDIENTE:
- 1 ½ cană făină de migdale
- ¼ cană ulei de cocos topit
- ¼ cană sirop de arțar
- 8 oz cremă de brânză, înmuiată
- ½ cană de zahăr pudră
- 1 lingurita extract de migdale
- Zmeura proaspata pentru topping

INSTRUCȚIUNI:
a) Într-un castron, combinați făina de migdale, uleiul de cocos topit și siropul de arțar până se amestecă bine.
b) Apăsați amestecul de migdale în fundul formelor de tarte sau al mini-cupelor de brioșe pentru a forma crusta.
c) Într-un castron separat, bate crema de brânză, zahăr pudră și extract de migdale până se omogenizează.
d) Turnați amestecul de cremă de brânză în crustele de tarte și neteziți blaturile.
e) Acoperiți fiecare tartă cu zmeură proaspătă.
f) Dati la frigider cel putin 1 ora inainte de servire.

31.Tartă Oreo cu mentă fără coacere

INGREDIENTE:
- 2 căni de firimituri de prăjituri Oreo
- ½ cană de unt topit
- 8 oz cremă de brânză, înmuiată
- ½ cană de zahăr pudră
- 1 lingurita extract de menta
- Colorant alimentar verde (optional)
- Frisca pentru topping
- Sirop de ciocolată pentru stropire

INSTRUCȚIUNI:
a) Într-un castron, combinați firimiturile de biscuiți Oreo și untul topit până se amestecă bine.
b) Apăsați amestecul de pesmet pe fundul unei tavi de tartă pentru a forma crusta.
c) Într-un castron separat, bate crema de brânză, zahărul pudră, extractul de mentă și colorantul alimentar verde (dacă se folosește) până la omogenizare.
d) Intindeti amestecul de crema de branza peste crusta din tava de tarta.
e) Se da la frigider pentru cel putin 2 ore pentru a se intari.
f) Acoperiți cu frișcă și stropiți cu sirop de ciocolată înainte de servire.

32. Tartele fără coacere cu mango și cocos

INGREDIENTE:
- 1 ½ cană de fulgi de cocos
- ¼ cană ulei de cocos topit
- ¼ cană miere
- 8 oz cremă de brânză, înmuiată
- ½ cană de zahăr pudră
- 1 lingurita extract de vanilie
- Felii de mango proaspete pentru topping

INSTRUCȚIUNI:
a) Într-un castron, combinați fulgii de nucă de cocos, uleiul de cocos topit și mierea până se amestecă bine.
b) Apăsați amestecul de nucă de cocos în fundul formelor de tarte sau al mini-cupelor de brioșe pentru a forma crusta.
c) Într-un castron separat, bate crema de brânză, zahărul pudră și extractul de vanilie până se omogenizează.
d) Turnați amestecul de cremă de brânză în crustele de tarte și neteziți blaturile.
e) Acoperiți fiecare tartă cu felii proaspete de mango.
f) Dati la frigider cel putin 1 ora inainte de servire.

33. Tartă fără coacere cu nuci și caramele

INGREDIENTE:
- 2 căni de firimituri de biscuiți Graham
- ½ cană de unt topit
- 1 cană sos caramel
- 8 oz cremă de brânză, înmuiată
- ½ cană de zahăr pudră
- 1 lingurita extract de vanilie
- Nuci pecan tocate pentru topping

INSTRUCȚIUNI:
a) Într-un castron, combinați firimiturile de biscuiți Graham și untul topit până se amestecă bine.
b) Apăsați amestecul de pesmet pe fundul unei tavi de tartă pentru a forma crusta.
c) Întindeți sosul de caramel peste crusta din tava de tartă.
d) Într-un castron separat, bate crema de brânză, zahărul pudră și extractul de vanilie până se omogenizează.
e) Întindeți amestecul de cremă de brânză peste stratul de caramel.
f) Acoperiți cu nuci pecan tocate.
g) Se da la frigider pentru cel putin 2 ore pentru a se intari.

34.Tartă cu ciocolată și banane fără coacere

INGREDIENTE:
- 1 ½ cană firimituri de prăjituri de ciocolată
- ⅓ cană de unt topit
- 8 oz cremă de brânză, înmuiată
- ½ cană de zahăr pudră
- 2 banane coapte, feliate
- Sos de ciocolata pentru topping

INSTRUCȚIUNI:
a) Într-un castron, combinați firimiturile de biscuiți de ciocolată și untul topit până se amestecă bine.
b) Apăsați amestecul de pesmet pe fundul unei tavi de tartă pentru a forma crusta.
c) Într-un castron separat, bate crema de brânză și zahărul pudră până se omogenizează.
d) Intindeti amestecul de crema de branza peste crusta din tava de tarta.
e) Aranjați feliile de banană deasupra stratului de brânză cremă.
f) Stropiți sos de ciocolată peste banane.
g) Se da la frigider pentru cel putin 2 ore pentru a se intari.

35.Plăcintă cu biscuiți umplute Kinder

INGREDIENTE:
- 2 cani de aluat de biscuiti cu ciocolata
- 8 batoane de ciocolată Kinder (sau similare)
- 1/2 cana alune de padure, tocate (optional)

INSTRUCȚIUNI:
a) Preîncălziți cuptorul la 350°F (175°C).
b) Apăsați jumătate din aluatul de biscuiți în fundul unui vas de plăcintă.
c) Așezați uniform batoanele de ciocolată Kinder peste aluat.
d) Acoperiți cu aluatul de fursecuri rămas, acoperind batoanele de ciocolată.
e) Presărați deasupra alune tocate, dacă doriți.
f) Coaceți 20-25 de minute sau până când marginile sunt aurii.
g) Se lasa sa se raceasca inainte de a taia si servi.

cookie-uri

36.Fursecuri Nutella cu patru ingrediente

INGREDIENTE:
- 1 cană Nutella
- 1 cană de făină universală
- 1 ou mare
- 1/2 cana alune tocate (optional)

INSTRUCȚIUNI:
a) Preîncălziți cuptorul la 350°F (175°C).
b) Într-un castron, amestecați Nutella, făina și oul până se omogenizează bine.
c) Încorporați alunele tocate dacă folosiți.
d) Puneți linguri de aluat pe o tavă de copt.
e) Coaceți 8-10 minute sau până când marginile sunt setate.
f) Lăsați fursecurile să se răcească pe tava de copt câteva minute înainte de a le transfera pe un grătar.

37.Biscuiți Rainbow moi și mestecați

INGREDIENTE:
- 2 cani de aluat de biscuiti cu zahar
- Colorant alimentar (diverse culori)
- Stropi

INSTRUCȚIUNI:
a) Împărțiți aluatul de biscuiți cu zahăr în mai multe porții.
b) Adăugați colorant alimentar diferit la fiecare porție pentru a crea un curcubeu de culori.
c) Rulați fiecare porție colorată în bile mici.
d) Aranjați bilele într-un model curcubeu pe o farfurie.
e) Stropiți cu stropi colorate.
f) Se da la frigider pana se intareste inainte de servire.

38.Prajituri moi si mestecate cu ciocolata

INGREDIENTE:
- 2 căni de făină universală
- 1 lingurita de bicarbonat de sodiu
- 1/2 lingurita sare
- 1 cană unt nesărat, înmuiat
- 3/4 cană zahăr brun
- 3/4 cană zahăr granulat
- 2 ouă mari
- 2 lingurite extract de vanilie
- 2 cesti chipsuri de ciocolata

INSTRUCȚIUNI:
a) Preîncălziți cuptorul la 350°F (175°C).
b) Într-un castron, amestecați făina, bicarbonatul de sodiu și sarea.
c) Într-un alt castron, cremă împreună untul, zahărul brun și zahărul granulat până devine ușor și pufos.
d) Bateți ouăle pe rând, apoi amestecați vanilia.
e) Adăugați treptat ingredientele uscate la ingredientele umede, amestecând până se combină.
f) Încorporați fulgi de ciocolată.
g) Puneți linguri rotunjite de aluat pe foi de copt neunsate.
h) Coaceți 10-12 minute sau până când marginile sunt aurii.
i) Lăsați fursecurile să se răcească pe tava de copt câteva minute înainte de a le transfera pe un grătar.

39.Biscuiți cu unt fără coacere

INGREDIENTE:
- ½ cană unt nesărat
- 1 cană zahăr granulat
- ½ cană lapte evaporat
- 1 lingurita extract de vanilie
- 1 cană chipsuri de unt
- 3 căni de ovăz cu gătit rapid

INSTRUCȚIUNI:
a) Într-o cratiță, topește untul la foc mediu.
b) Se amestecă zahărul și laptele evaporat. Se aduce la fierbere, amestecând continuu.
c) Se ia de pe foc și se amestecă extractul de vanilie și chipsurile de unt până se omogenizează și se topesc.
d) Încorporați ovăzul cu gătit rapid până când este bine acoperit.
e) Puneți linguri de amestec pe hârtie cerată sau pe o foaie de copt.
f) Lăsați fursecurile să se răcească și se lasă la temperatura camerei.

40.Biscuiți cu portocale fără coacere

INGREDIENTE:
- 2 căni de fursecuri cu napolitană de vanilie zdrobită
- 1 cană de zahăr pudră
- 1 cană nuci pecan tocate mărunt
- ½ cană suc de portocale
- Zeste de 1 portocală
- ½ cană nucă de cocos mărunțită (opțional)

INSTRUCȚIUNI:
a) Într-un castron, combinați fursecurile de napolitană cu vanilie zdrobite, zahărul pudră, nucile pecan tocate, sucul de portocale și coaja de portocale. Se amestecă bine până când ingredientele sunt complet incorporate.
b) Rulați amestecul în bile mici și puneți-le pe o tavă de copt tapetată cu hârtie de copt.
c) Dacă doriți, rulați biluțele în nucă de cocos mărunțită pentru un plus de textură și aromă.
d) Dați la frigider cel puțin 1 oră pentru a permite fursecurilor să se întărească.
e) Serviți rece și bucurați-vă de aceste prăjituri delicioase cu portocale fără coacere.

41.Biscuiți fără coacere cu unt de arahide

INGREDIENTE:
- 1 cană de unt de arahide cremos
- ½ cană miere sau sirop de arțar
- 2 căni de ovăz rulat
- ½ cană nucă de cocos mărunțită (opțional)
- ¼ cana alune tocate (optional)

INSTRUCȚIUNI:
a) Într-un castron, combinați untul de arahide și mierea sau siropul de arțar până când se omogenizează.
b) Adăugați fulgi de ovăz la amestec și amestecați până se combină bine.
c) Dacă doriți, adăugați nucă de cocos mărunțită și arahide mărunțite pentru un plus de textură și aromă.
d) Luați porții mici din amestec și formați prăjituri.
e) Pune fursecurile pe o tava tapetata cu hartie de copt.
f) Dați la frigider cel puțin 1 oră pentru a permite fursecurilor să se întărească.
g) Bucurați-vă de aceste prăjituri delicioase și pline de proteine fără coacere cu unt de arahide.

42. Biscuiți fără coacere cu ciocolată și fulgi de ovăz

INGREDIENTE:
- ½ cană de unt nesărat
- 2 căni de zahăr granulat
- ½ cană lapte
- ¼ cană pudră de cacao neîndulcită
- 3 căni de ovăz cu gătit rapid
- ½ cană unt de arahide cremos
- 1 lingurita extract de vanilie

INSTRUCȚIUNI:
a) Într-o cratiță, combinați untul, zahărul, laptele și pudra de cacao. Se aduce la fierbere la foc mediu, amestecând continuu.
b) Luați de pe foc și amestecați ovăzul cu gătit rapid, untul de arahide și extractul de vanilie până se combină bine.
c) Puneți linguri de amestec pe hârtie cerată sau pe o foaie de copt.
d) Lăsați fursecurile să se răcească și se lasă la temperatura camerei.

43. Biscuiți cu gelatină din fulgi de ovăz fără coacere

INGREDIENTE:
- 2 căni de ovăz rapid
- 1 cană zahăr
- ½ cană de unt nesărat
- ½ cană lapte
- 1 lingurita extract de vanilie
- 1 pachet (3 oz) gelatină aromată (cum ar fi căpșuni sau portocale)

INSTRUCȚIUNI:
a) Într-o cratiță, combina zahărul, untul nesărat și laptele. Se aduce la fierbere la foc mediu, amestecând continuu.
b) Se ia cratita de pe foc si se adauga extract de vanilie si gelatina aromata.
c) Adăugați ovăz rapid în cratiță și amestecați până când este bine acoperit.
d) Puneți linguri de amestec pe o tavă de copt tapetată cu hârtie cerată.
e) Lăsați fursecurile să se răcească și se lasă la temperatura camerei sau dați la frigider pentru o întărire mai rapidă.
f) Odată ce este ferm, transferați într-un recipient ermetic și păstrați la temperatura camerei.
g) Bucurați-vă de aceste prăjituri cu gelatină din fulgi de ovăz aromate și fără coacere!

44. Biscuiți fără coacere Penuche Drop

INGREDIENTE:
- ½ cană de unt nesărat
- 2 căni de zahăr brun
- ½ cană lapte
- 3 căni de ovăz rapid
- 1 cana nuci tocate (cum ar fi nuci sau nuci pecan)
- 1 lingurita extract de vanilie

INSTRUCȚIUNI:
a) Într-o cratiță, topește untul la foc mediu.
b) Se amestecă zahărul brun și laptele. Aduceți amestecul la fierbere, amestecând continuu.
c) Scoateți cratita de pe foc și amestecați cu ovăz rapid, nuci tocate și extract de vanilie.
d) Puneți linguri de amestec pe o tavă de copt tapetată cu hârtie cerată.
e) Lăsați fursecurile să se răcească și se lasă la temperatura camerei sau dați la frigider pentru o întărire mai rapidă.
f) Odată ce este ferm, transferați într-un recipient ermetic și păstrați la temperatura camerei.
g) Bucurați-vă de aceste prăjituri cu picături penuche, mestecate și aromate, fără coacere!

45.Biscuiți cu ovăz Bourbon fără coacere

INGREDIENTE:
- 1 ½ cană de ovăz rulat
- 1 cană de unt de arahide cremos
- ½ cană miere
- ¼ cană de bourbon
- ½ cană pudră de cacao neîndulcită
- ½ cană nucă de cocos mărunțită (opțional)

INSTRUCȚIUNI:
a) Într-un castron mare, combinați ovăzul rulat, untul de arahide, mierea, bourbonul și pudra de cacao.
b) Se amestecă toate ingredientele până se combină bine și amestecul se menține împreună.
c) Modelați amestecul într-o formă de buștean sau rulați-l în bile mici de dimensiunea unei mușcături.
d) Dacă doriți, rulați fursecurile în nucă de cocos mărunțită, apăsând ușor nuca de cocos pe suprafață.
e) Pune fursecurile pe o tava sau o farfurie tapetata cu pergament.
f) Dați fursecurile la frigider pentru cel puțin 1 oră sau până când sunt ferme.
g) Odată ce s-au răcit și se întăresc, feliați fursecurile în grosimea dorită și serviți. Aceste prăjituri delicioase, fără coacere, bourbon, feliate și servite, sunt gata pentru a fi savurate!

46.Prajituri cu ciocolata alba Matcha fara coacere

INGREDIENTE:
- 2 căni de ovăz rulat
- 1 cană chipsuri de ciocolată albă
- ½ cană unt de migdale
- ¼ cană miere
- 1 lingură pudră matcha
- 1 lingurita extract de vanilie

INSTRUCȚIUNI:
a) Într-un castron mare, combinați ovăzul rulat și pudra de matcha.
b) Într-un castron sigur pentru cuptorul cu microunde, topește fulgii de ciocolată albă în cuptorul cu microunde, amestecând la fiecare 30 de secunde până când se omogenizează.
c) Adăugați unt de migdale, miere și extract de vanilie la ciocolata albă topită și amestecați până se combină bine.
d) Turnați amestecul umed peste ovăz și matcha și amestecați până când toate ingredientele sunt acoperite uniform.
e) Puneți linguri de amestec pe o foaie de copt căptușită și aplatizați ușor.
f) Dă la frigider pentru aproximativ 1 oră sau până când se fixează.

47.Biscuiți fără coacere cu nucă de cocos și lămâie

INGREDIENTE:
- 2 căni de nucă de cocos măruntită
- 1 cană făină de migdale
- ½ cană cremă de cocos
- ¼ cană sirop de arțar
- Zeste de 2 lime
- Suc de 1 lime

INSTRUCȚIUNI:
a) Într-un castron, combinați nuca de cocos măruntită și făina de migdale.
b) Adăugați în bol crema de cocos, siropul de arțar, coaja de lămâie și sucul de lămâie și amestecați până se omogenizează bine.
c) Formați amestecul în rondele mici de mărimea unui biscuit și puneți-le pe o tavă de copt tapetată.
d) Se da la frigider pentru cel putin 2 ore sau pana la fermitate.

48.Biscuiți fără coacere cu fistic și afine

INGREDIENTE:
- 2 căni de ovăz de modă veche
- 1 cană fistic, tocat
- ½ cană de afine uscate, tocate
- ½ cană unt de migdale
- ⅓ cană miere
- 1 lingurita extract de vanilie
- ¼ lingurita sare

INSTRUCȚIUNI:
a) Într-un castron mare, combinați ovăzul, fisticul și merisoarele uscate.
b) Într-o cratiță mică, încălziți untul de migdale, mierea, extractul de vanilie și sarea la foc mic, amestecând până se combină bine.
c) Turnați amestecul de unt de migdale peste ingredientele uscate și amestecați până când totul este acoperit uniform.
d) Folosind mâinile sau o lingură, modelați amestecul în fursecuri și puneți-le pe o tavă de copt tapetată.
e) Dă la frigider pentru aproximativ 1 oră sau până când este ferm.

49. Biscuiți cu condimente Chai fără coacere

INGREDIENTE:
- 2 cani de cereale crocante de orez
- 1 cană unt de migdale
- ½ cană miere
- 1 lingurita amestec de condimente chai (scortisoara, cardamom, ghimbir, cuisoare, nucsoara)
- 1 lingurita extract de vanilie
- Vârf de cuțit de sare

INSTRUCȚIUNI:
a) Într-un castron mare, combinați cerealele crocante de orez și amestecul de condimente chai.
b) Într-o cratiță mică, încălziți untul de migdale, mierea, extractul de vanilie și sarea la foc mic, amestecând până se combină bine.
c) Turnați amestecul de unt de migdale peste amestecul de cereale și condimente și amestecați până când totul este acoperit uniform.
d) Modelați amestecul în fursecuri sau presați-l într-o tavă de copt tapetată și tăiați în batoane.
e) Dă la frigider pentru aproximativ 1 oră sau până când se fixează.

CÂMPURI ŞI COŞ I DE FÂN

50.Clustere de fudge fără coacere

INGREDIENTE:
- 2 cesti chipsuri de ciocolata
- ½ cană lapte condensat îndulcit
- 1 lingurita extract de vanilie
- 1 cana nuci tocate (cum ar fi nuci sau migdale)
- 1 cană de cereale crocante de orez

INSTRUCȚIUNI:
a) Într-un castron sigur pentru cuptorul cu microunde, combinați fulgii de ciocolată și laptele condensat îndulcit.
b) Puneți amestecul la microunde la intervale de 30 de secunde, amestecând după fiecare interval până când chipsurile de ciocolată sunt topite și netede.
c) Se amestecă extractul de vanilie, nucile mărunțite și cerealele crocante de orez până se combină bine.
d) Puneți linguri de amestec pe o tavă de copt tapetată cu hârtie cerată.
e) Lăsați ciorchinii de fudge să se răcească și să se stabilească la temperatura camerei.
f) Odată ce este ferm, transferați într-un recipient ermetic și păstrați la temperatura camerei.
g) Bucurați-vă de aceste ciorchine delicioase și ușor de făcut, fără coacere!

51. Ciocolată fără coacere cu unt de arahide

INGREDIENTE:
- 1 cană de unt de arahide cremos
- ½ cană miere sau sirop de arțar
- ¼ cană ulei de cocos topit
- 2 căni de ovăz rulat
- ½ cană mini chipsuri de ciocolată

INSTRUCȚIUNI:
a) Într-un castron, combinați untul de arahide, mierea (sau siropul de arțar) și uleiul de cocos topit până se amestecă bine.
b) Se amestecă fulgi de ovăz și mini chipsuri de ciocolată.
c) Puneți linguri de amestec pe o foaie de copt căptușită sau în pahare pentru mini brioșe.
d) Se da la frigider pentru cel putin 1 ora pentru a se intari.

52.Clustere de bucurie de migdale fără coacere

INGREDIENTE:
- 1 cană unt de migdale
- ¼ cană miere sau sirop de arțar
- ¼ cană ulei de cocos topit
- 2 căni de nucă de cocos mărunțită
- ½ cană migdale mărunțite
- ½ cană mini chipsuri de ciocolată

INSTRUCȚIUNI:
a) Într-un castron, combinați untul de migdale, mierea (sau siropul de arțar) și uleiul de cocos topit până se amestecă bine.
b) Se amestecă nuca de cocos mărunțită, migdalele mărunțite și mini chipsuri de ciocolată.
c) Puneți lingurițe din amestec pe o foaie de copt căptușită sau în pahare pentru mini brioșe.
d) Se da la frigider pentru cel putin 1 ora pentru a se intari.

53.Clustere de amestecuri fără coacere

INGREDIENTE:
- 1 cană unt cremos de nuci (de exemplu, unt de migdale, unt de arahide)
- ¼ cană miere sau sirop de arțar
- ¼ cană ulei de cocos topit
- 2 căni de ovăz rulat
- ½ cană nuci tocate (de exemplu, migdale, nuci)
- ¼ cană de fructe uscate (de exemplu, merișoare, stafide)
- ¼ cană mini chipsuri de ciocolată

INSTRUCȚIUNI:
a) Într-un castron, combinați untul de nuci, mierea (sau siropul de arțar) și uleiul de cocos topit până se amestecă bine.
b) Se amestecă fulgi de ovăz, nuci tocate, fructe uscate și mini chipsuri de ciocolată.
c) Puneți linguri de amestec pe o foaie de copt căptușită sau în pahare pentru mini brioșe.
d) Se da la frigider pentru cel putin 1 ora pentru a se intari.

54. Ciocolată albă fără coacere, ciorchini de zmeură

INGREDIENTE:
- 1 cană unt cremos de nuci (de exemplu, unt de migdale, unt de caju)
- ¼ cană miere sau sirop de arțar
- ¼ cană ulei de cocos topit
- 2 căni de nucă de cocos mărunțită
- ½ cană de zmeură liofilizată
- ½ cană chipsuri de ciocolată albă

INSTRUCȚIUNI:
a) Într-un castron, combinați untul de nuci, mierea (sau siropul de arțar) și uleiul de cocos topit până se amestecă bine.
b) Se amestecă nuca de cocos mărunțită, zmeura liofilizată și chipsurile de ciocolată albă.
c) Puneți linguri de amestec pe o foaie de copt căptușită sau în pahare pentru mini brioșe.
d) Se da la frigider pentru cel putin 1 ora pentru a se intari.

55.Ciorchine de covrige cu caramel fără coacere

INGREDIENTE:
- 1 cană de unt de arahide cremos
- ¼ cană miere sau sirop de arțar
- ¼ cană ulei de cocos topit
- 2 căni de covrigei zdrobiți
- ½ cană bucăți de caramel sau bomboane de caramel tocate
- ½ cană mini chipsuri de ciocolată

INSTRUCȚIUNI:
a) Într-un castron, combinați untul de arahide, mierea (sau siropul de arțar) și uleiul de cocos topit până se amestecă bine.
b) Se amestecă covrigei zdrobiți, bucăți de caramel și mini chipsuri de ciocolată.
c) Puneți linguri de amestec pe o foaie de copt căptușită sau în pahare pentru mini brioșe.
d) Se da la frigider pentru cel putin 1 ora pentru a se intari.

56. Ciorchini de fistic afine fără coacere

INGREDIENTE:
- 1 cană unt de migdale
- ¼ cană miere sau sirop de arțar
- ¼ cană ulei de cocos topit
- 2 căni de ovăz rulat
- ½ cană de afine uscate
- ½ cană fistic tocat

INSTRUCȚIUNI:
a) Într-un castron, combinați untul de migdale, mierea (sau siropul de arțar) și uleiul de cocos topit până se amestecă bine.
b) Se amestecă fulgi de ovăz, merișoare uscate și fistic tocat.
c) Puneți linguri de amestec pe o foaie de copt căptușită sau în pahare pentru mini brioșe.
d) Se da la frigider pentru cel putin 1 ora pentru a se intari.

57.Ciocolată neagră cireșe fără coacere

INGREDIENTE:
- 1 cană unt cremos de nuci (de exemplu, unt de migdale, unt de caju)
- ¼ cană miere sau sirop de arțar
- ¼ cană ulei de cocos topit
- 2 căni de ovăz rulat
- ½ cană cireșe uscate
- ½ cană chipsuri de ciocolată neagră

INSTRUCȚIUNI:
a) Într-un castron, combinați untul de nuci, mierea (sau siropul de arțar) și uleiul de cocos topit până se amestecă bine.
b) Se amestecă fulgi de ovăz, cireșe uscate și chipsuri de ciocolată neagră.
c) Puneți lingurițe din amestec pe o foaie de copt căptușită sau în pahare pentru mini brioșe.
d) Se da la frigider pentru cel putin 1 ora pentru a se intari.

CRISP, CRUMBLE & COBBLERS

58.Crisp cu piersici fără coacere

INGREDIENTE:
- 4 cani de piersici proaspete, curatate si feliate
- 1 lingura suc de lamaie
- ¼ cană miere sau sirop de arțar
- ½ linguriță extract de vanilie
- 1 cană de ovăz rulat
- ½ cană făină de migdale
- ¼ de cană de migdale sau nuci pecan tocate
- 2 linguri ulei de cocos topit
- ½ lingurita de scortisoara macinata

INSTRUCȚIUNI:
a) Într-un castron, combinați piersicile feliate, sucul de lămâie, mierea sau siropul de arțar și extractul de vanilie. Se amestecă până când piersicile sunt acoperite.
b) Într-un castron separat, amestecați ovăzul rulat, făina de migdale, migdalele sau nucile pecan tocate, uleiul de cocos topit și scorțișoara măcinată până se sfărâmiciază.
c) Răspândiți jumătate din amestecul de ovăz uniform pe fundul unui vas de copt uns.
d) Turnați amestecul de piersici peste stratul de ovăz.
e) Presărați amestecul de ovăz rămas deasupra piersicilor.
f) Dă-ți la frigider cel puțin 2 ore pentru a lăsa crocantul să se întărească.
g) Serviți rece sau cald și bucurați-vă de deliciosul crocant de piersici fără coacere.

59.Crisp cu mere fără coacere

INGREDIENTE:
- 4 cani de mere feliate
- ¼ cană miere sau sirop de arțar
- 1 lingurita suc de lamaie
- 1 cană de ovăz rulat
- ½ cană făină de migdale sau făină obișnuită
- ¼ cană ulei de cocos sau unt topit
- ¼ cană stafide sau merișoare uscate
- ½ lingurita de scortisoara

INSTRUCȚIUNI:
a) Într-un castron, combinați merele feliate, mierea sau siropul de arțar, sucul de lămâie, stafidele (sau merisoarele uscate) și scorțișoara până când sunt bine acoperite.
b) Într-un castron separat, combinați ovăzul rulat, făina de migdale (sau făina obișnuită), uleiul de cocos topit (sau untul) și scorțișoara până se sfărâmiciază.
c) Întindeți uniform amestecul de mere într-o tavă de copt.
d) Presărați amestecul de ovăz peste mere, acoperindu-le complet.
e) Se da la frigider pentru cel putin 2 ore pentru a permite aromelor sa se topeasca.
f) Servit rece.

60.Cobbler mixt de fructe de pădure fără coacere

INGREDIENTE:
- 4 cani de fructe de padure amestecate
- ¼ cană miere sau sirop de arțar
- 1 lingurita suc de lamaie
- 1 cană făină de migdale sau făină obișnuită
- ½ cană de ovăz
- ¼ cană ulei de cocos sau unt topit
- ¼ cana migdale sau nuci tocate

INSTRUCȚIUNI:
a) Într-un castron, amestecați fructele de pădure, mierea sau siropul de arțar și sucul de lămâie până când sunt bine acoperite.
b) Într-un castron separat, combinați făina de migdale (sau făina obișnuită), ovăzul rulat, uleiul de cocos topit (sau untul) și migdalele (sau nucile) mărunțite până se sfărâmicază.
c) Întindeți uniform amestecul de fructe de pădure într-o tavă de copt.
d) Presărați amestecul de ovăz peste fructe de pădure, acoperindu-le complet.
e) Se da la frigider pentru cel putin 2 ore pentru a permite aromelor sa se topeasca.
f) Servit rece.

61.Crisp de cireșe fără coacere

INGREDIENTE:
- 4 căni de cireșe fără sâmburi
- ¼ cană miere sau sirop de arțar
- 1 lingurita suc de lamaie
- 1 cană făină de migdale sau făină obișnuită
- ½ cană de ovăz
- ¼ cană ulei de cocos sau unt topit
- ¼ ceasca de migdale feliate sau nuci pecan tocate

INSTRUCȚIUNI:
a) Într-un castron, combinați cireșele fără sâmburi, mierea sau siropul de arțar și sucul de lămâie până când sunt bine acoperite.
b) Într-un castron separat, combinați făina de migdale (sau făina obișnuită), ovăzul rulat, uleiul de cocos topit (sau untul) și migdalele feliate (sau nucile pecan tocate) până se sfărâmiciază.
c) Întindeți uniform amestecul de cireșe într-o tavă de copt.
d) Presărați amestecul de ovăz peste cireșe, acoperindu-le complet.
e) Se da la frigider pentru cel putin 2 ore pentru a permite aromelor sa se topeasca.
f) Servit rece.

62. Crumble de nucă de cocos și mango fără coacere

INGREDIENTE:
- 4 căni de mango tăiat cubulețe
- ¼ cană miere sau sirop de arțar
- 1 lingurita suc de lamaie
- 1 cană nucă de cocos mărunțită
- ½ cană făină de migdale sau făină obișnuită
- ¼ cană ulei de cocos sau unt topit
- ¼ cană nuci de macadamia sau caju tocate

INSTRUCȚIUNI:
a) Într-un castron, combinați mangoul tăiat cubulețe, mierea sau siropul de arțar și sucul de lămâie până când se îmbină bine.
b) Într-un castron separat, combinați nuca de cocos mărunțită, făina de migdale (sau făina obișnuită), uleiul de nucă de cocos topit (sau untul) și nucile de macadamia tocate (sau caju) până se sfărâmiciază.
c) Întindeți amestecul de mango uniform într-o tavă de copt.
d) Presărați amestecul de nucă de cocos peste mango, acoperindu-l complet.
e) Se da la frigider pentru cel putin 2 ore pentru a permite aromelor sa se topeasca.
f) Servit rece.

63.Crisp de migdale și afine fără coacere

INGREDIENTE:
- 4 căni de afine proaspete
- ¼ cană miere sau sirop de arțar
- 1 lingurita suc de lamaie
- 1 cană făină de migdale sau făină obișnuită
- ½ cană de ovăz
- ¼ cană ulei de cocos sau unt topit
- ¼ cană migdale feliate

INSTRUCȚIUNI:
a) Într-un castron, combinați afinele, mierea sau siropul de arțar și sucul de lămâie până când sunt bine acoperite.
b) Într-un castron separat, combinați făina de migdale (sau făina obișnuită), ovăzul rulat, uleiul de cocos topit (sau untul) și migdalele feliate până se sfărâmiciază.
c) Întindeți uniform amestecul de afine într-o tavă de copt.
d) Presărați amestecul de migdale peste afine, acoperindu-le complet.
e) Se da la frigider pentru cel putin 2 ore pentru a permite aromelor sa se topeasca.
f) Servit rece.

64.Crumble cu fructe de dragon fără coacere

INGREDIENTE:
- 2 fructe de dragon, scoase și tăiate cubulețe
- 1 lingura suc de lamaie
- ¼ cană zahăr granulat
- 1 cană făină de migdale
- ¼ cană nucă de cocos măruntită
- ¼ cană nuci de macadamia tocate
- 2 linguri miere
- 2 linguri ulei de cocos, topit

INSTRUCȚIUNI:
a) Într-un castron, combinați fructele dragonului tăiate cubulețe, sucul de lămâie și zahărul granulat. Amesteca bine.
b) Într-un alt castron, amestecați făina de migdale, nuca de cocos măruntită, nucile de macadamia tocate, mierea și uleiul de cocos topit până se sfărâmiciază.
c) Luați feluri de mâncare individuale și stratificați amestecul de fructe de dragon, urmat de amestecul de făină de migdale.
d) Repetați straturile până când sunt folosite toate ingredientele, terminând cu amestecul de făină de migdale deasupra.
e) Se da la frigider pentru cel putin 1 ora pentru a permite aromelor sa se topeasca.
f) Serviți rece și bucurați-vă de aroma unică a fructelor dragonului!

65.Lichi Crisp fără coacere

INGREDIENTE:
- 2 căni de litchi proaspăt, decojit și fără sâmburi
- 1 lingura suc de lamaie
- ¼ cană zahăr granulat
- 1 cană prăjituri cu ghimbir zdrobite
- ¼ cană migdale feliate
- 2 linguri miere
- 2 linguri de unt nesarat, topit

INSTRUCȚIUNI:
a) Într-un castron, combinați litchiul, sucul de lămâie și zahărul granulat. Se amestecă bine pentru a acoperi litchiul.
b) Într-un alt castron, amestecați prăjiturile de ghimbir zdrobite, migdalele feliate, mierea și untul topit până se sfărâmicează.
c) Luați feluri de mâncare individuale și stratificați amestecul de litchi, urmat de amestecul de fursecuri.
d) Repetați straturile până când sunt folosite toate ingredientele, terminând cu amestecul de fursecuri deasupra.
e) Se da la frigider pentru cel putin 1 ora pentru a permite aromelor sa se topeasca.
f) Serviți rece și bucurați-vă de gustul unic al litchiului!

66. Cizmar cu papaya fără coacere

INGREDIENTE:
- 2 papaya coapte, decojite, fără semințe și tăiate cubulețe
- 1 lingura suc de lamaie
- ¼ cană zahăr granulat
- 1 lingurita de ghimbir macinat
- 1 cană de napolitane de vanilie zdrobite
- ¼ cană fistic tocat
- 2 linguri miere
- 2 linguri de unt nesarat, topit

INSTRUCȚIUNI:
a) Într-un castron, combinați papaya tăiată cubulețe, sucul de lămâie, zahărul granulat și ghimbirul măcinat. Amesteca bine.
b) Într-un alt castron, amestecați napolitanele de vanilie zdrobite, fisticul tocat, mierea și untul topit până se sfărâmiciază.
c) Luați feluri de mâncare individuale și stratificați amestecul de papaya, urmat de amestecul de napolitane.
d) Repetați straturile până când sunt folosite toate ingredientele, terminând cu amestecul de napolitane deasupra.
e) Se da la frigider pentru cel putin 1 ora pentru a permite aromelor sa se topeasca.
f) Serviți rece și savurați aroma tropicală a papayas!

67. Crumble de kiwi fără coacere

INGREDIENTE:
- 4 kiwi, curatati de coaja si feliati
- 1 lingura suc de lamaie
- ¼ cană zahăr granulat
- 1 cană de biscuiți graham zdrobiți
- ¼ cană nuci de macadamia tocate
- 2 linguri miere
- 2 linguri de unt nesarat, topit

INSTRUCȚIUNI:
a) Într-un castron, se amestecă feliile de kiwi cu zeamă de lămâie și zahăr granulat până se îmbracă bine.
b) Într-un alt castron, amestecați biscuiții graham zdrobiți, nucile de macadamia tocate, mierea și untul topit până se sfărâmiciază.
c) Luați feluri de mâncare individuale și stratificați amestecul de kiwi, urmat de amestecul de biscuiți.
d) Repetați straturile până când sunt folosite toate ingredientele, terminând cu amestecul de biscuiți deasupra.
e) Se da la frigider pentru cel putin 1 ora pentru a permite aromelor sa se topeasca.
f) Serviți rece și bucurați-vă de dulceața acidulată a kiwi-urilor!

68.Cobbler cu fructe ale pasiunii fără coacere

INGREDIENTE:
- 6 fructe ale pasiunii, pulpa scoasa
- 1 lingura suc de lamaie
- ¼ cană zahăr granulat
- 1 lingurita extract de vanilie
- 1 cană prăjituri zdrobite
- ¼ cană nucă de cocos mărunțită
- 2 linguri miere
- 2 linguri de unt nesarat, topit

INSTRUCȚIUNI:
a) Într-un castron, combinați pulpa de fructul pasiunii, sucul de lămâie, zahărul granulat și extractul de vanilie. Amesteca bine.
b) Într-un alt castron, amestecați fursecurile zdrobite, nuca de cocos mărunțită, mierea și untul topit până se sfărâmiciază.
c) Luați feluri de mâncare individuale și stratificați amestecul de fructe ale pasiunii, urmat de amestecul de fursecuri.
d) Repetați straturile până când sunt folosite toate ingredientele, terminând cu amestecul de fursecuri deasupra.
e) Se da la frigider pentru cel putin 1 ora pentru a permite aromelor sa se topeasca.
f) Serviți rece și savurați aroma tropicală unică a fructului pasiunii!

Prăjituri

69.Tort cu rom fără coacere

INGREDIENTE:
- 2 cani de napolitane de vanilie zdrobite
- 1 cană nuci pecan tocate
- 1 cană de zahăr pudră
- ½ cană unt nesărat, topit
- ¼ cană rom negru
- Frisca pentru garnitura (optional)

INSTRUCȚIUNI:
a) Într-un castron, combinați napolitanele de vanilie zdrobite, nucile pecan tocate, zahărul pudră, untul topit și romul închis.
b) Se amestecă până când ingredientele sunt complet încorporate.
c) Apăsați amestecul într-o tavă unsă cu arc de 9 inchi sau într-un vas dreptunghiular.
d) Se da la frigider pentru cel putin 2 ore pentru a permite prajitura sa se fixeze.
e) Inainte de servire, se orneaza cu frisca daca se doreste.

70.Tort fără coacere cu şapte straturi

INGREDIENTE:
- 1 pachet biscuiti graham
- 1 cana unt nesarat, topit
- 1 cană nucă de cocos mărunțită
- 1 cana nuci tocate (de exemplu, nuci, nuci pecan)
- 1 cană chipsuri de ciocolată
- 1 cană chipsuri de unt
- 1 cană lapte condensat îndulcit

INSTRUCȚIUNI:
a) Tapetați fundul unui vas dreptunghiular cu biscuiți Graham.
b) Într-un castron, amestecați untul topit, nuca de cocos mărunțită, nucile mărunțite, fulgii de ciocolată, chipsurile de butterscotch și laptele condensat îndulcit până se combină bine.
c) Întindeți un strat din amestec peste biscuiții Graham.
d) Repetați straturile de biscuiți graham și amestecul până când sunt folosite toate ingredientele, terminând cu un strat din amestec deasupra.
e) Dați la frigider pentru cel puțin 4 ore sau peste noapte pentru a lăsa prăjitura să se întărească.
f) Tăiați și bucurați-vă de deliciosul tort cu șapte straturi fără coacere.

71.Tort cu crema de ciocolata fara coacere

INGREDIENTE:
- 2 pachete de prăjituri de tip sandwich cu ciocolată
- ½ cană unt nesărat, topit
- 2 căni de smântână groasă
- ¼ cană zahăr pudră
- 1 lingurita extract de vanilie
- Așchii de ciocolată sau pudră de cacao pentru garnitură (opțional)

INSTRUCȚIUNI:
a) Zdrobiți fursecurile sandwich cu ciocolată în firimituri fine folosind un robot de bucătărie sau punându-le într-o pungă de plastic sigilată și zdrobindu-le cu un sucitor.
b) Într-un castron, combinați firimiturile de biscuiți și untul topit până când amestecul seamănă cu nisipul umed.
c) Apăsați amestecul de fursecuri în fundul unei tavi unse cu arc pentru a forma crusta. Puneți la frigider să se răcească.
d) Într-un castron separat, bateți smântâna groasă, zahărul pudră și extractul de vanilie până se formează vârfuri tari.
e) Întindeți un strat de frișcă peste crusta de fursecuri răcită.
f) Repetați cu un alt strat de firimituri de biscuiți și frișcă până se folosesc toate ingredientele, terminând cu un strat de frișcă deasupra.
g) Dam prajitura la frigider pentru cel putin 4 ore sau pana se fixeaza.
h) Inainte de servire, se orneaza cu bule de ciocolata sau se pudreaza cu pudra de cacao daca se doreste.
i) Tăiați și bucurați-vă de acest tort decadent cu cremă de ciocolată fără coacere!

72.Tort cu fructe fără coacere

INGREDIENTE:
- 2 cani de fructe uscate amestecate (cum ar fi stafide, merisoare, curmale tocate si caise)
- ½ cană de unt nesărat
- ½ cană zahăr brun
- ½ cană suc de mere sau suc de portocale
- 2 căni de biscuiți graham zdrobiți sau napolitane de vanilie
- ½ cană nuci tocate (cum ar fi nuci sau migdale)
- ½ cană nucă de cocos mărunțită
- 1 lingurita scortisoara macinata
- ½ lingurita de nucsoara macinata
- ¼ linguriță cuișoare măcinate
- ¼ lingurita sare
- ½ cană zahăr pudră (pentru pudrat)

INSTRUCȚIUNI:
a) Într-o cratiță, combinați fructe uscate amestecate, unt, zahăr brun și sucul de mere sau sucul de portocale.
b) Aduceți amestecul la fierbere la foc mediu, amestecând continuu.
c) Reduceți focul la mic și fierbeți timp de 5 minute, amestecând din când în când.
d) Scoateți cratita de pe foc și lăsați amestecul să se răcească câteva minute.
e) Într-un castron mare, combinați biscuiții graham zdrobiți sau napolitanele de vanilie, nucile mărunțite, nuca de cocos mărunțită, scorțișoara măcinată, nucșoara măcinată, cuișoarele măcinate și sarea.
f) Turnați amestecul de fructe răcit peste amestecul de ingrediente uscate. Se amestecă până se combină bine.
g) Tapetați o tavă de pâine sau o tavă de prăjitură cu folie de plastic sau hârtie de copt, lăsând puțin exces atârnând peste părți.
h) Transferați amestecul de prăjitură cu fructe în tava pregătită, apăsând-o ferm.
i) Îndoiți excesul de folie de plastic sau hârtie de pergament peste partea de sus a prăjiturii.
j) Dă prăjitura cu fructe la frigider pentru cel puțin 4 ore sau peste noapte.
k) Inainte de servire scoatem prajitura din tava si pudram cu zahar pudra.
l) Tăiați și bucurați-vă de această prăjitură cu fructe umedă și aromată fără coacere!

73. Tort cu strat Matzoh fără coacere

INGREDIENTE:
- 4-6 bucăți de matzoh de ciocolată
- 2 cesti de frisca sau de topping
- 1 cana conserve de fructe (cum ar fi zmeura sau capsuni)
- Fructe de padure proaspete pentru garnitura (optional)

INSTRUCȚIUNI:
a) Puneți un strat de bucăți de matzoh într-un singur strat pe un platou sau farfurie de servire.
b) Întindeți un strat de frișcă sau topping bătut peste matzoh.
c) Întindeți un strat de conserve de fructe peste stratul de frișcă.
d) Repetați straturile până când rămâneți fără ingrediente, terminând cu un strat de frișcă deasupra.
e) Puneți la frigider prajitura cu matzoh timp de cel puțin 4 ore sau peste noapte pentru a permite mazohului să se înmoaie.
f) Înainte de servire, se ornează cu fructe de pădure proaspete, dacă se dorește.
g) Tăiați și bucurați-vă de acest tort delicios și unic fără coacere cu matzoh!

74. Tort cu cremă de cireșe fără coacere

INGREDIENTE:
- 2 căni de firimituri de biscuiți Graham
- ½ cană unt nesărat, topit
- 2 pachete (8 uncii) cremă de brânză, înmuiată
- 1 cană de zahăr pudră
- 1 lingurita extract de vanilie
- 1 cană smântână groasă, bătută
- 1 cutie (21 uncii) umplutură de plăcintă cu cireșe

INSTRUCȚIUNI:
a) Într-un castron mediu, combinați firimiturile de biscuiți Graham și untul topit. Se amestecă până când firimiturile sunt acoperite uniform cu unt.
b) Apăsați amestecul de pesmet în fundul unei tavi elastice de 9 inci, creând un strat uniform. Puneți tava la frigider pentru a se răci în timp ce pregătiți umplutura.
c) Într-un castron mare, bateți crema de brânză până devine omogenă și cremoasă.
d) Adăugați zahărul pudră și extractul de vanilie la crema de brânză și continuați să bateți până se omogenizează bine.
e) Incorporati usor frisca.
f) Se toarnă amestecul de cremă de brânză peste crusta răcită în tava cu arc și se întinde uniform.
g) Peste amestecul de cremă de brânză se întinde umplutura de plăcintă cu cireșe, întinzând-o pentru a crea un strat.
h) Acoperiți tava cu folie de plastic și lăsați-l la frigider pentru cel puțin 4 ore sau peste noapte pentru a se întări.
i) Odată întărit, scoateți părțile laterale ale tavii arc și feliați tortul pentru servire. Bucurați-vă de deliciosul tort cu cremă de cireșe fără coacere!

75.Tort cu nucă de cocos și mango fără coacere

INGREDIENTE:
- 2 căni de firimituri de biscuiți Graham
- 1 cană nucă de cocos mărunțită neîndulcită
- 1 cană piure de mango
- 1 cana frisca
- ½ cană lapte condensat
- ¼ cană unt topit
- Felii de mango proaspete pentru ornat

INSTRUCȚIUNI:
a) Într-un castron, combinați firimiturile de biscuiți Graham, nuca de cocos mărunțită și untul topit. Se amestecă până când firimiturile sunt acoperite.
b) Apăsați jumătate din amestecul de pesmet în fundul unei tavi rotunde de tort sau a unei forme arcuite pentru a crea crusta.
c) Într-un castron separat, amestecați piureul de mango și laptele condensat până se combină bine.
d) Încorporați frișca în amestecul de mango până la omogenizare.
e) Turnați amestecul de mango peste crusta din tava de tort.
f) Presărați amestecul de pesmet rămas deasupra ca garnitură.
g) Se da la frigider pentru cel putin 4 ore sau pana se fixeaza.
h) Înainte de servire, se ornează cu felii de mango proaspăt.

76.Tort de ciocolată cu unt de arahide fără coacere

INGREDIENTE:
- 2 cani de fursecuri napolitane de ciocolata, zdrobite
- 1 cană de unt de arahide cremos
- 1 cană de zahăr pudră
- 1 cana frisca
- ½ cană de ciocolată topită pentru stropire
- Arahide zdrobite pentru ornat

INSTRUCȚIUNI:
a) Într-un castron, combinați fursecurile de napolitană de ciocolată zdrobite, untul de arahide, zahărul pudră și frișca. Se amestecă până se combină bine.
b) Apăsați jumătate din amestec în fundul unei tavi rotunde de tort sau a unei forme elastice pentru a crea crusta.
c) Peste crusta se intinde un strat de ciocolata topita.
d) Turnați amestecul de unt de arahide rămas peste stratul de ciocolată.
e) Deasupra se stropesc ciocolata topita ca garnitura.
f) Presărați arahide zdrobite peste tort.
g) Se da la frigider pentru cel putin 4 ore sau pana se fixeaza.

77.Tort fără coacere cu limonada cu căpșuni

INGREDIENTE:
- 2 căni de firimituri de biscuiți Graham
- 1 cană unt topit
- 1 cană piure de căpșuni
- 1 cana frisca
- ½ cană de zahăr pudră
- Coaja a 2 lămâi
- Căpșuni proaspete pentru ornat

INSTRUCȚIUNI:
a) Într-un castron, combinați firimiturile de biscuiți Graham și untul topit. Se amestecă până când firimiturile sunt acoperite.
b) Apăsați jumătate din amestecul de pesmet în fundul unei tavi rotunde de tort sau a unei forme arcuite pentru a crea crusta.
c) Într-un castron separat, amestecați piureul de căpșuni, frișca, zahărul pudră și coaja de lămâie până se combină bine.
d) Turnați amestecul de căpșuni peste crusta din tava de tort.
e) Întindeți amestecul uniform și neteziți partea de sus.
f) Se da la frigider pentru cel putin 4 ore sau pana se fixeaza.
g) Inainte de servire se orneaza cu capsuni proaspete.

BROWNIES, BARURI ȘI PĂTRAȚE

78. Brownie cu ciocolată triplă super fudgy

INGREDIENTE:
- 2 căni de firimituri de napolitană de ciocolată
- 1 cana unt nesarat, topit
- 1 cană chipsuri de ciocolată
- 1/2 cană chipsuri de ciocolată albă
- 1/2 cană bucăți de ciocolată neagră
- 1 cană lapte condensat îndulcit

INSTRUCȚIUNI:
a) Într-un castron, combinați firimiturile de napolitană de ciocolată cu untul topit.
b) Presă amestecul într-o tavă tapetată pentru a forma baza.
c) Într-un alt castron, amestecați fulgii de ciocolată, fulgi de ciocolată albă, bucăți de ciocolată neagră și laptele condensat îndulcit.
d) Întindeți amestecul de ciocolată uniform peste crustă.
e) Se da la frigider pana se fixeaza, apoi se taie in patrate si se serveste.

79. Jammie Dodger Blondies

INGREDIENTE:
- 2 căni de firimituri de biscuiți Graham
- 1 cana unt nesarat, topit
- 1 cană zahăr brun deschis
- 2 căni de zahăr pudră
- 1 cană de unt de arahide cremos
- 1 lingurita extract de vanilie
- 1 cană gem de zmeură
- Biscuiți Jammie Dodger pentru topping

INSTRUCȚIUNI:
a) Amestecați firimiturile de biscuiți Graham cu untul topit și presă într-o tigaie tapetată pentru a crea baza.
b) Într-un castron, bate împreună zahărul brun, zahărul pudră, untul de arahide și extractul de vanilie până se omogenizează.
c) Întindeți amestecul de unt de arahide peste crustă.
d) Se încălzește ușor dulceața de zmeură și se rotește peste stratul de unt de arahide.
e) Acoperiți cu biscuiți Jammie Dodger.
f) Se da la frigider pana se fixeaza, apoi se taie in batoane si se serveste.

80.Pătrate de puf de ciocolată fără coacere

INGREDIENTE:
- 1 cană chipsuri de ciocolată semidulce
- ½ cană unt de arahide cremos
- 3 cani de mini marshmallows
- 3 căni de cereale crocante de orez
- ½ cana alune tocate (optional)

INSTRUCȚIUNI:
a) Într-un castron potrivit pentru cuptorul cu microunde, topește fulgii de ciocolată și untul de arahide împreună, amestecând până se omogenizează.
b) Într-un castron mare, combinați mini bezele, cereale crocante de orez și arahide mărunțite (dacă le folosiți).
c) Se toarnă amestecul de ciocolată topită peste amestecul de cereale și se amestecă până se îmbracă bine.
d) Apăsați amestecul într-o tavă de copt unsă de 9 x 9 inci.
e) Dați la frigider pentru cel puțin 2 ore pentru a lăsa puful să se întărească.
f) Tăiați în pătrate și serviți.

81.Pătrate de cereale confetti fără coacere

INGREDIENTE:
- 4 căni de cereale confetti (de exemplu, Fruity Pebbles sau similar)
- ¼ cană unt nesărat
- 1 pachet (10 oz) mini marshmallows
- Stropi pentru garnitură (opțional)

INSTRUCȚIUNI:
a) Ungeți o tavă de copt de 9 x 9 inci și lăsați deoparte.
b) Într-o cratiță mare, topește untul la foc mic.
c) Adăugați mini marshmallows la untul topit și amestecați până se topesc complet și se omogenizează.
d) Scoateți cratita de pe foc și adăugați cerealele confetti. Se amestecă până se îmbracă bine.
e) Transferați amestecul în vasul de copt pregătit și apăsați-l uniform.
f) Presărați stropi suplimentare deasupra, dacă doriți.
g) Lăsați pătratele de cereale să se răcească și să se stabilească la temperatura camerei.
h) Tăiați în pătrate și bucurați-vă de aceste pătrate de cereale confetti colorate și distractive!

82.Batoane de lămâie cu zmeură fără coacere

INGREDIENTE:
- 2 căni de firimituri de biscuiți Graham
- ½ cană de unt topit
- 16 oz cremă de brânză, înmuiată
- 1 cană de zahăr pudră
- Coaja a 2 lămâi
- 1 cană conserve de zmeură
- Zmeura proaspata pentru garnitura

INSTRUCȚIUNI:
a) Într-un castron, combinați firimiturile de biscuiți Graham și untul topit. Se amestecă până când firimiturile sunt acoperite.
b) Apăsați amestecul de pesmet în fundul unui vas dreptunghiular pentru a crea crusta.
c) Într-un castron separat, bate cremă de brânză, zahăr pudră și coaja de lămâie până devine omogen și cremos.
d) Întindeți amestecul de brânză cu cremă peste crusta din vasul de copt.
e) Puneți linguri de conserve de zmeură peste stratul de brânză cremă și amestecați ușor cu un cuțit.
f) Se da la frigider pentru cel putin 4 ore sau pana se fixeaza.
g) Înainte de servire, se ornează cu zmeură proaspătă.

83.Baruri fără coacere

INGREDIENTE:
- 2 căni de ovăz rapid
- 1 cană de cereale crocante de orez
- ½ cană unt de arahide
- ½ cană miere
- ½ cana nuci tocate (cum ar fi migdale sau caju)
- ½ cană de fructe uscate (cum ar fi merișoare sau stafide)
- ¼ cană mini chipsuri de ciocolată (opțional)

INSTRUCȚIUNI:
a) Într-un castron, combinați ovăz rapid, cereale crocante de orez, unt de arahide, miere, nuci mărunțite, fructe uscate și mini chipsuri de ciocolată (dacă sunt folosite). Se amestecă până se combină bine.
b) Apăsați amestecul într-o tavă de copt unsă de 9 x 9 inci, folosind dosul unei linguri pentru a o netezi.
c) Dați barele la frigider pentru cel puțin 2 ore sau până când sunt ferme.
d) Tăiați în batoane și bucurați-vă de aceste batoane hrănitoare și fără coacere!

84.Batoane Granola fără coacere

INGREDIENTE:
- 2 căni de ovăz rulat
- 1 cană de cereale crocante de orez
- ½ cană miere
- ½ cană unt de arahide (sau unt de migdale pentru o opțiune fără nuci)
- 1 lingurita extract de vanilie
- ½ cană mini chipsuri de ciocolată
- ¼ de cană de fructe uscate (cum ar fi stafide, merișoare sau caise mărunțite)

INSTRUCȚIUNI:

a) Într-un castron mare, combinați ovăzul și cerealele crocante de orez.
b) Într-un castron sigur pentru cuptorul cu microunde, încălziți mierea și untul de arahide (sau untul de migdale) până se topesc și se omogenizează. De asemenea, le puteți încălzi pe plită la foc mic.
c) Scoateți vasul de pe foc și amestecați cu extract de vanilie.
d) Turnați amestecul de miere și unt de arahide peste ingredientele uscate. Se amestecă până se combină bine.
e) Adăugați mini fulgi de ciocolată și fructe uscate la amestec. Se amestecă până se distribuie uniform.
f) Transferați amestecul într-o tavă de copt unsă sau tapetată de 9 x 9 inci. Apăsați-l ferm pentru a crea un strat uniform.
g) Dați batoanele de granola la frigider pentru cel puțin 2 ore sau până când se fixează.
h) Odată ce este ferm, se taie în batoane și se păstrează într-un recipient ermetic.
i) Bucurați-vă de aceste batoane granola sănătoase și fără coacere ca o gustare hrănitoare!

85.Patrate de ciocolata-nuca de cocos fara coacere

INGREDIENTE:
- 1 ½ cană firimituri de prăjituri de ciocolată
- ¼ cană unt nesărat, topit
- 1 ½ cană nucă de cocos mărunțită
- ½ cana nuci tocate (cum ar fi migdale sau nuci)
- 1 conserve (14 oz) de lapte condensat îndulcit
- 1 cană chipsuri de ciocolată semidulce
- ¼ cană unt nesărat
- 1 lingurita extract de vanilie

INSTRUCȚIUNI:
a) Într-un castron, combinați firimiturile de prăjituri de ciocolată și untul topit. Se amestecă până când firimiturile sunt acoperite uniform.
b) Apăsați amestecul în fundul unui vas de copt uns sau tapetat de 9 x 9 inci pentru a forma crusta. Puneți la frigider să se răcească în timp ce pregătiți umplutura.
c) Într-un castron separat, combinați nuca de cocos mărunțită și nucile mărunțite.
d) Turnați lapte condensat îndulcit peste amestecul de nucă de cocos și nuci și amestecați până se omogenizează bine.
e) Întindeți amestecul de nucă de cocos-nuci peste crusta pregătită, apăsând-o uniform.
f) Într-o cratiță mică, topim fulgii de ciocolată și untul nesărat la foc mic, amestecând până se omogenizează.
g) Scoateți cratita de pe foc și amestecați cu extract de vanilie.
h) Se toarnă amestecul de ciocolată peste stratul de nucă de cocos, răspândindu-l uniform.
i) Dați pătratele la frigider pentru cel puțin 2 ore sau până când se fixează.
j) Tăiați în pătrate și bucurați-vă de aceste pătrate de ciocolată și nucă de cocos, fără coacere, bogate și îngăduitoare!

86.Patrate de ghimbir-portocale fara coacere

INGREDIENTE:
- 2 căni de firimituri de prăjituri cu ghimbir
- ½ cană unt nesărat, topit
- 1 pachet (8 oz) cremă de brânză, moale
- ½ cană de zahăr pudră
- 1 lingura coaja de portocala
- 1 cană smântână groasă
- Ghimbir confiat pentru garnitură (opțional)

INSTRUCȚIUNI:
a) Într-un castron, combinați firimiturile de prăjituri cu ghimbir și untul topit. Se amestecă până când firimiturile sunt acoperite uniform.
b) Apăsați amestecul în fundul unui vas de copt uns sau tapetat de 9 x 9 inci pentru a forma crusta. Puneți la frigider să se răcească în timp ce pregătiți umplutura.
c) Într-un castron separat, bateți crema de brânză, zahărul pudră și coaja de portocală până când devine omogen și cremos.
d) Într-un alt castron, bate smântâna grea până se formează vârfuri tari.
e) Îndoiți ușor frișca în amestecul de brânză până se încorporează complet.
f) Se toarnă umplutura peste crusta pregătită, întinzând-o uniform.
g) Dați pătratele la frigider pentru cel puțin 4 ore sau până când se fixează.
h) Înainte de servire, se ornează cu ghimbir confiat dacă se dorește.
i) Tăiați în pătrate și bucurați-vă de aceste pătrate delicioase de ghimbir-portocale fără coacere!

87.Brownies cu nucă fără coacere

INGREDIENTE:
- 1 ½ cană curmale, fără sâmburi
- 1 cană nuci
- ¼ cană pudră de cacao
- 1 lingurita extract de vanilie
- Vârf de cuțit de sare

INSTRUCȚIUNI:
a) Pune curmalele, nucile, pudra de cacao, extractul de vanilie și sarea într-un robot de bucătărie.
b) Procesați până când amestecul se îmbină și formează un aluat lipicios.
c) Presă aluatul într-o tavă pătrată sau dreptunghiulară tapetată cu hârtie de copt.
d) Dați la frigider cel puțin 1 oră pentru a se întări.
e) Tăiați în pătrate brownie și serviți.

88. Batoane de cereale Chipits fără coacere

INGREDIENTE:
- 3 căni de cereale la alegere (de exemplu, Rice Krispies, Corn Flakes sau orice altă cereală crocantă)
- 1 cană chipits
- ½ cană unt de arahide neted
- ¼ cană miere sau sirop de arțar
- 1 lingurita extract de vanilie

TOPINGS OPȚIONAL
- Nucă de cocos mărunțită
- Nuci Tocate
- Fulgi de ciocolată

INSTRUCȚIUNI:
a) Într-un castron mare, combinați cerealele și puneți-o deoparte.
b) Într-un castron potrivit pentru cuptorul cu microunde, topește chipsurile de ciocolată, untul de arahide și mierea (sau siropul de arțar) împreună la intervale de 30 de secunde, amestecând între ele, până când se topesc complet și se omogenizează.
c) Se amestecă extractul de vanilie în amestecul topit.
d) Turnați amestecul topit peste cereale și amestecați până când cerealele sunt acoperite uniform.
e) Apăsați bine amestecul într-o tavă de copt de 9 x 9 inci tapetată cu pergament.
f) Dacă doriți, presărați deasupra nucă de cocos mărunțită, nuci tocate sau bucăți suplimentare de ciocolată și apăsați-le ușor în amestec.
g) Dați batoanele de cereale la frigider pentru cel puțin 1 oră sau până când sunt ferme.
h) După ce s-au răcit și s-au așezat, scoateți batoanele din vasul de copt și tăiați-le în pătrate sau batoane.
i) Păstrați batoanele de cereale Chipits fără coacere într-un recipient ermetic la frigider timp de până la 1 săptămână.

89.Brownies cu arahide fără coacere

INGREDIENTE:
- 2 cani de arahide, nesarate
- 1 cană curmale fără sâmburi
- ¼ cană pudră de cacao neîndulcită
- ¼ cană miere sau sirop de arțar
- 1 lingurita extract de vanilie
- Vârf de cuțit de sare

INSTRUCȚIUNI:
a) Puneți alunele într-un robot de bucătărie și procesați până când sunt măcinate fin.
b) Adăugați curmalele fără sâmburi, pudra de cacao, mierea sau siropul de arțar, extractul de vanilie și sare în robotul de bucătărie.
c) Procesați toate ingredientele împreună până când se formează un amestec lipicios și sfărâmicios.
d) Tapetați o tavă pătrată de copt cu hârtie de copt.
e) Transferați amestecul în vasul tapetat și apăsați-l ferm pentru a forma un strat uniform.
f) Dați brownies-urile la frigider pentru cel puțin 1-2 ore pentru a se întări.
g) Odată ce sunt fermi, scoateți brownies-urile din farfurie, tăiați-le în pătrate și serviți. Aceste brownies cu arahide fără coacere sunt o alternativă încântătoare și mai sănătoasă la brownies-urile tradiționale.

MINGE ENERGETICE ŞI MUCĂTURI

90.Biluțe de tort cu ciocolată

INGREDIENTE:
- 2 căni de firimituri de tort cu fudge de ciocolată
- 1/2 cană glazură de ciocolată
- Înveliș de ciocolată (ciocolată topită)

INSTRUCȚIUNI:
a) Amestecați firimiturile de tort cu fudge de ciocolată cu glazura de ciocolată.
b) Rulați amestecul în bile și puneți-le pe o tavă tapetată.
c) Înmuiați fiecare bilă în ciocolată topită pentru a o acoperi.
d) Lăsați-le să se stabilească la frigider înainte de servire.

91. Bulgări de zăpadă cu migdale fără coacere

INGREDIENTE:
- 1 cană făină de migdale
- ¼ cană sirop de arțar
- ¼ cană unt de migdale
- ½ linguriță extract de migdale
- ½ cană nucă de cocos mărunțită

INSTRUCȚIUNI:
a) Într-un castron, combinați făina de migdale, siropul de arțar, untul de migdale și extractul de migdale. Se amestecă până se combină bine.
b) Luați porții mici din amestec și rulați în bile de dimensiuni mici.
c) Rulați fiecare bilă în nucă de cocos mărunțită până când este acoperită uniform.
d) Așezați bulgărele de zăpadă pe o foaie de copt tapetată cu hârtie de copt.
e) Dați la frigider cel puțin 1 oră pentru a se întări.
f) Serviți rece și bucurați-vă de acești bulgări de zăpadă încântători de migdale.

92. Bile de cacao-bourbon fără coacere

INGREDIENTE:
- 2 căni de fursecuri napolitane de ciocolată zdrobite fin
- 1 cană de zahăr pudră
- 1 cană nuci pecan tocate
- 3 linguri pudra de cacao neindulcita
- ¼ cană de bourbon sau whisky
- 2 linguri sirop de porumb usor

INSTRUCȚIUNI:
a) Într-un castron mare, combinați prăjiturile de ciocolată zdrobite, zahărul pudră, nucile pecan tocate și pudra de cacao.
b) Adăugați bourbon și sirop de porumb ușor la amestec și amestecați până se combină bine.
c) Modelați amestecul în bile mici folosind mâinile.
d) Așezați biluțele de cacao-bourbon pe o foaie de copt tapetată cu hârtie cerată.
e) Dați la frigider pentru cel puțin 1 oră sau până când sunt fermi.
f) Serviți rece și bucurați-vă de aceste bile de cacao-bourbon fără coacere!

93.Bile de ghimbir fără coacere

INGREDIENTE:
- 2 căni de firimituri de prăjituri cu ghimbir
- ½ cană de zahăr pudră
- ½ cană nuci tocate (cum ar fi nuci sau nuci pecan)
- ¼ cană sirop ușor de porumb
- 2 linguri de apa

INSTRUCȚIUNI:
a) Într-un castron, combinați firimiturile de biscuiți cu ghimbir, zahărul pudră și nucile mărunțite.
b) Într-un castron mic, amestecați siropul ușor de porumb și apa până se combină bine.
c) Se toarnă amestecul de sirop de porumb peste amestecul de firimituri de prăjituri și se amestecă până se umezește uniform.
d) Modelați amestecul în bile mici folosind mâinile.
e) Așezați biluțele de ghimbir pe o foaie de copt tapetată cu hârtie cerată.
f) Lăsați biluțele să se întărească la frigider pentru cel puțin 1 oră.
g) Serviți rece și bucurați-vă de aceste bile de ghimbir gustoase și fără coacere!

94.Bile de lichior Mocha fără coacere

INGREDIENTE:
- 2 cani de firimituri de biscuiti napolitane de ciocolata
- 1 cana nuci tocate fin (cum ar fi migdale sau nuci pecan)
- ½ cană de zahăr pudră
- 2 linguri pudra de cacao
- ¼ cană lichior de cafea
- 2 linguri granule de cafea instant
- 2 linguri sirop de porumb
- Zahăr pudră pentru rulat

INSTRUCȚIUNI:
a) Într-un bol de amestecare, combinați firimiturile de prăjituri cu napolitană de ciocolată, nucile mărunțite, zahărul pudră și pudra de cacao.
b) Într-un castron separat, dizolvați granulele de cafea instant în lichior de cafea.
c) Se amestecă amestecul de lichior de cafea și siropul de porumb în ingredientele uscate până se combină bine.
d) Modelați amestecul în bile mici folosind mâinile.
e) Rulați biluțele în zahăr pudră pentru a le acoperi.
f) Așezați biluțele de lichior moca pe o foaie de copt tapetată cu hârtie cerată.
g) Lăsați biluțele să se întărească la frigider pentru cel puțin 1 oră.
h) Serviți rece și bucurați-vă de aceste bile de lichior mocha decadente și fără coacere!

95.Biluțe de rom cu cireșe fără coacere

INGREDIENTE:
- 2 căni de fursecuri cu napolitană de vanilie zdrobită
- 1 cană de zahăr pudră
- 1 cana nuci tocate
- 1 cana cirese uscate, tocate
- 2 linguri pudra de cacao
- ¼ cană rom
- 2 linguri sirop de porumb usor
- Zahăr pudră suplimentar pentru rulare

INSTRUCȚIUNI:
a) Într-un castron mare, combinați fursecurile de napolitană de vanilie zdrobite, zahărul pudră, nucile mărunțite, cireșele uscate și pudra de cacao.
b) Adăugați romul și siropul ușor de porumb în amestec și amestecați bine până când totul este bine combinat.
c) Luați porții mici din amestec și rulați-le în bile de 1 inch folosind mâinile.
d) Rulați biluțele în zahăr pudră pentru a le acoperi uniform.
e) Asezam bilele de rom pe o tava tapetata cu hartie de copt.
f) Dați bilele de rom la frigider pentru cel puțin 2 ore sau până când sunt ferme.
g) Odată ce s-au răcit și se fixează, transferați bilele de rom într-un recipient ermetic pentru depozitare. Se pot păstra la frigider până la 2 săptămâni.

96.Bile de portocale fără coacere

INGREDIENTE:
- 2 căni de firimituri de napolitană cu vanilie
- 1 cană de zahăr pudră
- 1 cana nuci tocate fin (cum ar fi nucile pecan sau migdale)
- ½ cană suc de portocale
- ¼ cană coaja de portocală
- Nucă de cocos mărunțită pentru rulare

INSTRUCȚIUNI:
a) Într-un castron, combinați firimiturile de napolitană de vanilie, zahărul pudră și nucile mărunțite.
b) Adăugați sucul de portocale și coaja de portocale la amestec. Se amestecă până se combină bine și amestecul se menține împreună.
c) Formați amestecul în bile mici, de aproximativ 1 inch în diametru.
d) Rulați bilele în nucă de cocos pentru a le acoperi.
e) Așezați bilele de portocale acoperite pe o tavă de copt tapetată cu hârtie cerată.
f) Dați biluțele la frigider pentru cel puțin 1 oră sau până când sunt ferme.
g) Păstrați într-un recipient etanș la frigider.

97.Biluțe energetice cu unt de arahide și ciocolată

INGREDIENTE:
- 1 cană de ovăz de modă veche
- 1/2 cană unt de arahide
- 1/3 cană miere sau sirop de arțar
- 1/2 cană de semințe de in măcinate
- 1/2 cană mini chipsuri de ciocolată
- 1 lingurita extract de vanilie
- Un praf de sare (optional)

INSTRUCȚIUNI:

a) Într-un castron mare, combinați ovăzul, untul de arahide, mierea (sau siropul de arțar), semințele de in măcinate, chipsurile de ciocolată, extractul de vanilie și un praf de sare dacă doriți.
b) Se amestecă până se combină bine.
c) Dați amestecul la frigider pentru aproximativ 30 de minute pentru a fi mai ușor de manipulat.
d) Odată răcit, rulați amestecul în bile de dimensiuni mici.
e) Pune bilele energetice pe o tava tapetata cu pergament.
f) Dati la frigider cel putin 1 ora inainte de servire.

98.Bile energetice cu migdale de nucă de cocos

INGREDIENTE:
- 1 cană curmale, fără sâmburi
- 1/2 cană migdale
- 1/4 cană nucă de cocos mărunțită, neîndulcită
- 1 lingura de seminte de chia
- 1 lingurita extract de vanilie
- Un praf de sare (optional)

INSTRUCȚIUNI:
a) Într-un robot de bucătărie, combinați curmalele, migdalele, nuca de cocos mărunțită, semințele de chia, extractul de vanilie și un praf de sare dacă doriți.
b) Procesați amestecul până se formează un aluat lipicios.
c) Scoateți porții mici din aluat și rulați-le în bile.
d) Pune bilele energetice pe o tava tapetata cu pergament.
e) Dati la frigider cel putin 1 ora inainte de servire.

99.Biscuiți cu fulgi de ovăz, stafide, bile energetice

INGREDIENTE:
- 1 cană de ovăz de modă veche
- 1/2 cană stafide
- 1/4 cană unt de migdale
- 1/4 cană miere sau sirop de arțar
- 1 lingurita scortisoara
- 1/2 lingurita extract de vanilie
- Un praf de sare (optional)

INSTRUCȚIUNI:
a) Într-un robot de bucătărie, combinați ovăzul, stafidele, untul de migdale, mierea (sau siropul de arțar), scorțișoara, extractul de vanilie și un praf de sare dacă doriți.
b) Procesați amestecul până când este bine combinat și lipicios.
c) Dați amestecul la frigider pentru aproximativ 30 de minute.
d) Odată răcit, rulați amestecul în bile de dimensiuni mici.
e) Pune bilele energetice pe o tava tapetata cu pergament.
f) Dati la frigider cel putin 1 ora inainte de servire.

100.Biluțe proteice din ciocolată și nucă de cocos

INGREDIENTE:
- 1 cană de ovăz rulat
- 1/2 cană pudră proteică de ciocolată
- 1/3 cană unt de migdale
- 1/4 cană miere sau sirop de agave
- 1/4 cană nucă de cocos mărunțită, neîndulcită
- 1 lingurita extract de vanilie
- Un praf de sare (optional)

INSTRUCȚIUNI:
a) Într-un castron, amestecați fulgi de ovăz, pudră proteică de ciocolată, unt de migdale, miere (sau sirop de agave), nucă de cocos mărunțită, extract de vanilie și un praf de sare dacă doriți.
b) Se amestecă până când amestecul este bine combinat.
c) Dați amestecul la frigider pentru aproximativ 30 de minute.
d) Odată răcit, rulați amestecul în bile de dimensiuni mici.
e) Rulați fiecare minge în nucă de cocos mărunțită suplimentar, dacă doriți.
f) Pune bilele energetice pe o tava tapetata cu pergament.
g) Dati la frigider cel putin 1 ora inainte de servire.

CONCLUZIE

Pe măsură ce ajungem la capitolul final al Coacerii fără coacere de la VAFELE PROTEINĂ, sper că această escapadă culinară a adus dulceață și încântare bucătăriei tale. Cu 100 de delicii indulgente la indemana, posibilitatile de a crea deserturi memorabile fara cuptor sunt nelimitate. Fie că ați îmbrățișat arta coacerii fără coacere ca ritual zilnic sau ați rezervat-o pentru ocazii speciale, călătoria a fost deloc delicioasă.

Vă mulțumim că v-ați alăturat nouă în această aventură plină de gust. Fie ca viitoarele tale eforturi fără coacere să fie pline de creativitate, bucurie și satisfacția de a crea deserturi care lasă o impresie de durată. Până la următoarea noastră escapadă de copt, savurați dulceața creațiilor VAFELE PROTEINĂ și continuați să vă bucurați de lumea încântătoare a deliciilor fără coacere. Coacerea fericită!

www.ingramcontent.com/pod-product-compliance
Lightning Source LLC
Chambersburg PA
CBHW071905110526
44591CB00011B/1561